Adoph Diesterweg

Adolf Diesterwegs Selbstbeurteilungen

Adoph Diesterweg

Adolf Diesterwegs Selbstbeurteilungen

ISBN/EAN: 9783743630406

Hergestellt in Europa, USA, Kanada, Australien, Japan

Cover: Foto ©Thomas Meinert / pixelio.de

Weitere Bücher finden Sie auf **www.hansebooks.com**

Adolph Diesterweg's
Selbstbeurtheilungen.

Aus seinen Schriften gesammelt

von

E. Langenberg.

„Wer aus seinem Herzen herausschreibt,
schildert sich in seinen Schriften selbst."

Diesterweg.

Ein Beitrag zur Feier des 50jährigen Jubiläums
des Seminars in Mörs.

Mörs, 1873.
Druck und Verlag von J. W. Spaarmann.

Vorwort.

Zur fünfzigjährigen Jubelfeier des Seminars in Mörs glaubte ich als ehemaliger Zögling desselben keine bessere Gabe des Dankes auf den Festaltar zu legen als die vorliegende Schrift, indem sie einen Beitrag liefert zur Charakteristik des ersten Direktors desselben, A d o l p h D i e s t e r w e g, und zwar in Urtheilen über sich selbst aus dem Zeitraume von 1827 bis 1866.

In der von mir herausgegebenen Biographie: »A. Diesterweg. Sein Leben und seine Schriften,« habe ich von diesen Selbstbeurtheilungen nur einen geringen Gebrauch machen können, und erst als ich den Auftrag erhielt, »Lichtstrahlen aus Diesterweg's Schriften« zu sammeln, stellte ich die Urtheile in vorliegender Weise vereint zusammen, jedoch mit Weglassung einzelner Stellen, die ich schon 1846 und 1868 mitgetheilt habe.

Die Selbstbeurtheilungen Diesterweg's — Bekenntnisse wird man oft sagen müssen — offenbaren uns nicht allein seinen großen sittlichen Charakter, seine Aufrichtigkeit und Offenheit, sondern auch die Tapferkeit seines Willens, die Lauterkeit seiner Gesinnungen und die Wärme seines Herzens.

Wenn Selbstbekenntnisse von anderen Schriftstellern für jeden Pädagogen schon von großem Interesse sind, wie viel mehr diejenigen eines Mannes, den wir mit Stolz den Unsrigen nennen, und der sein ganzes Leben eingesetzt hat, die große Sache der Erziehung und Bildung der Jugend und ihrer Lehrer mit der größten Aufopferung zu fördern und zu heben!

Ich schließe mit einem Bekenntniß Diesterweg's, welches er (zur fünfundzwanzigjährigen Jubelfeier) am 3. Juli 1845 den Festgenossen in Mörs gewidmet hat:

> »Ich gehöre nicht zu denen, welche meinen, der, der auf anderm Wege dem Guten nachstrebt, gehöre zu den Irrenden oder gar zu den Böswilligen. Wenn Jeder nur treu bleibt seiner innersten Ueberzeugung! Wer das nicht thut, der allein hat an der Ausbreitung des Wahren keinen Antheil! Aber innere Wahrhaftigkeit macht Jeden in seiner Weise zum Träger und Förderer des Guten. Wie die Augen des Leibes, so sind die des Geistes verschieden, derselbe Himmel spiegelt sich anders in dem ruhigen See als im brausenden Ocean — und doch kann Keiner sagen, wer am meisten beiträgt zum Segen der Erde!«

Bonn, am 3. Juli 1873.

E. Langenberg.

Ich ging (als Seminardirektor) von der Ansicht aus, daß der Schullehrer als Lehrer und Erzieher einer allgemeinen Bildung theilhaftig gemacht werden müsse. 1. 2. Band. 1. Heft. Seite 76. 1827.

Ich würde ein ganz verkehrter Mensch sein, wenn ich so dächte und handelte, als wenn die Seminaristen in meinem Hause wohnten. Es ist umgekehrt; ich wohne bei den Seminaristen. Dagegen handhabe ich nach Kräften Ordnung und Gesetz, verlange unbedingten Gehorsam, Zucht und Geregeltheit in allen Stücken, und gehe Jedem, der Persönlichkeiten, egoistische Zwecke und Eigenwillen gegen die Lehrer oder mich geltend zu machen versucht, auf das schärfste zu Leibe, die Selbstsucht und den Dünkel als die Quelle der höchsten Verderblichkeit betrachtend. 1. 2. B. 1. H. S. 104. 1827.

Wenn Gott meine Wünsche erhört, so werde ich auch über das fünfzigste und sechszigste Lebensjahr hinaus noch immer lieber den jungen Baum selbst pflanzen, begießen und pflegen, als nur den Ort bestimmen, wo er stehen soll. 2. 3. B. 2. H. S. 29. 1828.

Mir ist der Gedanke oft schmerzlich: »Diese Jünglinge, die dir so lieb geworden sind, die zu so schönen Hoffnungen berechtigen, werden sie beharren in dem Kampfe, den verworrene, unbestimmte Verhältnisse ihnen bereiten? Oder werden sie, unzufrieden mit sich und der Welt, untergehen?« Wer möchte mir das verdenken! 2. 3. B. 2. H. S. 29. 1828.

1

Auf unfer Grab foll einft ein Armer eine Blume pflanzen —
in danfbarer Erinnerung, die ihn felbft wieder als einen beffern
Menfchen befundet.

2. 3. B. 3. H. S. 69. 1828.

Ich liebe die Lehrfreiheit; doch nur, in fo weit fie fich mit
dem einmal feftftehenden Plane der Anftalt verträgt, und ich
halte es in dem Grade, als die Anzahl der Lehrer einer
Anftalt zunimmt, für wichtig, ganz fichere methodifche Grund=
fätze feftzufetzen, welche jedem einzelnen Lehrer die Zielpunkte
feines Strebens und die Wege, die einzufchlagen find, fo fpeciell
als möglich bezeichnen.

3. 4. B. S. 186. 1829.

Ich geftehe es offen, daß ich einen Jüngling, der einen
Grund von allgemeiner Bildung gelegt hat und einen Zug zu
allgemeinen Anfichten in fich empfindet, mit weit mehr Hoff=
nungen entlaffe, als einen andern ohne diefe Keime der Ent=
wickelung, follte er jenen auch noch fo weit an Kenntniffen
und Fertigkeiten, wie fie fich augenblicklich brauchen laffen,
übertreffen.

4. 1. B. S. 252. 1830.

Wer in dem hiefigen Seminar gewefen ift, weiß es aus
(freudiger?) Erfahrung, daß ich Offenheit der Gedanken=
mittheilung jederzeit befördert und geliebt habe und nichts
weniger leiden kann, als gedächtnißmäßig todtes Lernen und
Nachfprechen. Denn wenn und wo man fich nicht frei aus=
fprechen kann, da bildet man fich nicht und da fühlt man fich
nicht wohl. Aber doch habe ich wohl manchmal einem Gelb=
fchnabel die Flügel ftutzen müffen. Denn die Jugend über=
nimmt fich manchmal in Ueberfchätzung ihrer Kräfte. Aber
diefe vorübergehenden feltenen Erfcheinungen haben mich nie
von dem Grundfatze, freie Gedankenmittheilung einzuführen und
zu begünftigen, abbringen können; vielmehr haben fie mich in
der Richtigkeit des Grundfatzes beftärkt; denn in der Regel
find es die fchlechteften Köpfe nicht, die mit Gründen wider=
fprechen.

4. 2. B. S. 81. 1830.

Es kann Niemand ein größerer Feind des Stockregiments sein, denn ich; aber ich bin ein noch größerer Feind der Frechheit. 4. 2. B. S. 285. 1830.

Ich für meinen Theil muß offen bekennen, daß ich die fernere rasche und glückliche Fortschreitung des Volksschulwesens und der öffentlichen Erziehung an die Anstellung eines praktisch gebildeten Schulinspektors für jeden Regierungsbezirk geknüpft halte. Das Schulwesen wird Riesenschritte machen, wenn man dazu übergeht; denn das öffentliche Erziehungswesen wird dadurch zur Selbstständigkeit und Einheit ausgebildet. Der Stand der Elementar- oder öffentlichen Volksschullehrer wird durch ein solches Haupt der Lehrer emancipirt. Wenn man nachforscht, von welcher Zeit an die Entwickelung einer Sache einen besondern Schwung erhielt, so wird man immer finden, es datirt sich von der Epoche der Anstellung bestimmter Beamten für diese Sache, welche mit den erforderlichen Fähigkeiten diesem Geschäfte ausschließlich obliegen. 4. 2. B. S. 333. 1830.

Ich habe in mehreren Anstalten den Unterricht in der deutschen Sprache, wenigstens mit demselben Eifer, betrieben, als den in der Raumlehre, aber noch nie ist es mir gelungen, alle Schüler durch Sprache so in Bewegung zu setzen, als durch Raumlehre. Ehe ich mich's versahe, waren, wenn ein etwas schwieriger, oder das Interesse besonders fesselnder Satz an der Tafel gemeinschaftlich behandelt wurde, alle Schüler aus ihren Bänken um mich versammelt, was, so viel ich mich erinnere, in der Sprachstunde niemals geschehen ist. Ein Gegenstand, der so viel erregende Kraft besitzt, muß nothwendig viel zur geistigen Bildung beitragen, denn die Kunst der Bildung besteht in der Kunst der Erregung und der Richtung des jugendlichen Geistes. 5. Vorwort. 1828.

Der Sprachunterricht soll, meinen Viele, an das Lesebuch angeschlossen werden. Wenn ich nicht irre, so ist dieser Gedanke von mir zuerst ausgeführt worden. 6. Vorwort. 1828 resp. 1852.

1*

Ich will zur Erfassung richtiger und wichtiger Ansichten über die große, heilige Sache der öffentlichen Erziehung, des öffentlichen Lebens beitragen; ich will nach meinen Kräften die Mängel und Gebrechen des Schulwesens aufdecken und Mittel in Vorschlag bringen, welche nach meinem Ermessen das Bessere herbeiführen können; ich möchte das Geschäft der Unterweisung und Erziehung der Jugend, das vielfach einseitig, gemein und profan geworden ist, zu größerer Vollständigkeit, Ganzheit und zu seiner Heiligkeit wieder erhoben sehen; ich möchte die Lehrer von all' den Uebeln und Leiden, die auf ihnen zu ihrem eigenen und zum Unsegen für die gesammte Jugend und für den ganzen . Staat lasten und viele zu Boden drücken, befreien und erlösen; ich möchte die Erziehung zu einer allgemeinen Angelegenheit des ganzen Staates umgebildet und die Volksschullehrer, wie es die Natur der Sache erheischt, zu selbstständigen Staats= beamten emporgehoben sehen; ich wünsche dazu beizutragen, daß die Mittel aufgefunden und herbeigeschafft werden möchten, die Volkskraft in jeder menschlich= und bürgerlich=edlen Richtung zu entwickeln und zu bekräftigen. Dazu einen Beitrag zu liefern, ist jetzt und immerdar der Zweck meines Strebens. Es ist möglich, daß ich irre; aber wenn ich irre, so ist es nicht ein Irrthum des Willens, sondern der Erkenntniß. Nach Be= lehrung bin ich darum begierig. Eines Jeden Bestreben sei ewig nach dem Wahren und nach dem Bessern gerichtet.

7. 1. B. S. 281. 1831.

So sehr ich ein Freund von klarer Einsicht und vom Ver= stehen dessen, was man thut, bin; so sehr bin ich doch ein Feind aller Ziererei und Künstelei, wie alles Scheines und jeder Art von Verrenkung des kindlichen Geistes.

8. S. 194. 1831 resp. 1842.

Ich trete mit Gebet und Vertrauen, mit Zuversicht und Stolz, mit Bescheidenheit und hoffnungsvoll in den schönen, weiten, wichtigen Wirkungskreis ein. (Antrittsrede 1820.)

9. 1. B. S. 10. 1832.

Ich werde, fest überzeugt von der Richtigkeit meiner An= sichten und von denselben durchglüht, dieselben mit Entschieden= heit aussprechen. 9. 1. B. S. 13. 1832.

In einer etwas delikaten Sache, besonders wenn man selbst zu einer Partei gehört, muß man entweder seine Meinung ganz aussagen, oder schweigen. Ich halte jenes stets für das gerathenste. 9. 1. B. S. 14. 1832.

Ich bin ein sehr großer Freund von Ordnung und Zucht in der Schule und im Leben, und der Genius der Pädagogik behüte jeden Lehrer vor der Höllenqual, wenn er nicht Herr ist seiner Schüler, und sie ihm nicht auf den Wink gehorchen; aber eben so sehr hasse ich die Stock- und Prügelmeister. 9. 1. B. S. 328. 1832.

Ich habe mir vorgenommen, einmal aufmerksam zu sein auf die leeren Redensarten, «personificirten Wortschälle», wie sie Herder nennt, auf die Sätze, die einer dem andern nachsagt oder nachschreibt, ohne daß damit eigentlich etwas gemeint oder gesagt sei. Es wird mir freilich selbst wohl auch manchmal so gehen. Denn wer kann alles Falsche, Leere, Nichtsnützige, was man gelernt hat, wieder vergessen oder verlernen, und wer kann alles Erlernte untersuchen und prüfen? Ich wollte, daß ein Pädagoge einen Aufsatz schriebe über die Methode des Verlernens. Es ist sehr wichtig, und auch sehr nöthig, und so schwer. Besonders wichtig in unserer Zeit, welche ohne allen Zweifel eine Uebergangszeit ist. Aber auch doppelt die Pflicht des Redlichen, in unserer aufschneiderischen Zeit voller Wort= schälle, die weithin hallend und vielfach betäubend ertönen, die Sätze zu prüfen, die man Anderen als Wahrheit darbietet. 9. 1. B. S. 376. 1832.

Nie werde ich einem Andersdenkenden darum, so lange ich nur von der Lauterkeit seines Strebens nach Wahrheit überzeugt bleibe, gram werden, und ich suche in mir ein reges Dank= gefühl gegen Jeden zu nähren, der mich von einem Irrthum befreit. Der Mensch kann nächst der Tugend nach keinem höhern Gute streben, als nach Wahrheit, ja das Streben nach ihr geht aus reiner Tugendgesinnung hervor, ist selbst Tugend. 9. 2. B. S. 181. 1832.

Ich habe oft barüber nachgebacht, burch welche Mittel bem
Lehrer bie Entbehrung bes eigentlich philosophischen Stubiums
einigermaßen ersetzt werben könnte. Ich habe bieses Ziel bisher
angestrebt:

1. burch einen möglichst gründlichen unb genauen Unterricht,
besonbers in ben Elementen einer Wissenschaft, unb burch
einen vollstänbig genügenben münblichen Ausbruck ber
gefunbenen Wahrheiten;
2. burch einen auf Erfahrungen unb Anschauungen ruhenben
Unterricht in ber Denk- unb Sittenlehre unb in ber
Psychologie. 9. 2. B. S. 325. 1832.

Das Amt eines Seminarbirektors begehrte ich nicht aus
irbischer Rücksicht, nicht aus Eigennuß, Habsucht, Gemächlichkeit,
Neuerungsliebe unb anberen uneblen Antrieben; bas barf ich
sagen, bas tröstet, bas beruhigt, bas stärkt, bas ermuthigt mich.
10. S. 15. 1832.

Es kann Einem leib thun, im Kampfe mit ben Verbrehern
bes christlichen Geistes oft so sprechen zu müssen, baß es fast
wie Unfrommheit unb Unchristenthum bünkt.
10. S. 814. 1832.

Ich bin Pädagoge unb Lehrer unb Erzieher von Lehrern;
unb ich bin Mensch. In bieser boppelten Beziehung erregen
mich bie Interessen ber Menschheit, ber Gang ber Entwickelung
ber Verhältnisse in Deutschlanb im Allgemeinen; in unserm
Preußen insbesonbere, unb Erziehungs- unb Schulangelegenheiten
berühren bas Innerste meines Lebens. Wo ich Mißverhältnisse
gewahre ober zu gewahren glaube, — Beibes ist in Betreff
ber moralischen Würbigung eins —; wo sich ber Erreichung
meines Lebensberufes, ber Entwickelung bes Erziehungswesens
Hindernisse entgegen stellen, ba muß ich es für meine Pflicht
erachten, aufzutreten unb Mittel vorzuschlagen, bie nach meinem
Ermessen bas Bessere herbeiführen können. Ich bin Mensch;
ich kann irren; ich kann irren in ber Ansicht, baß bie Verhältnisse ber öffentlichen Erziehung unb berer, bie für sie
arbeiten, nicht überall, nicht im Allgemeinen bie günstigsten unb

erſprießlichſten ſind. Aber gegen ſittliche Verdächtigung und gegen den Vorwurf böswilliger Abſichten wird mich mein Be= wußtſein ewig ſchützen; im Dienſte der Wahrheit wird man feſt und ſtark. 10. S. 363 u. 364. 1832.

___

Könnte ich, wie ich es wünſchte, alle Jugendlehrer von der lebendigen, anſchaulich erkannten Ueberzeugung der grundloſen Verderblichkeit des frühern, leeren, hohlen Wortunterrichts, des Wortkrames, des Einübens abſtracter Regeln und Formen ganz und gar durchbringen, ich würde glauben, ihnen und der Jugend damit einen nicht hoch genug anzuſchlagenden Dienſt geleiſtet zu haben. 11. 2. B. S. 32. 1834.

___

Ich liebe Ideale, aber ich haſſe alle Schwindeleien und alle problematiſchen Meinungen und hypothetiſchen Vorausſetzungen bei Begründung von Inſtituten und deren rechtlichen Sicher= ſtellung. Eben darum will ich, ohne das Ideal der Liebe aus= zuſchließen, den kleinen Staat, Schule genannt, nicht auf dem unſichern Fundament der Liebe erbaut wiſſen. — So lange wir in der Zeit leben, in der es Mühe genug koſtet, die Herr= ſchaft des Geſetzes aufrecht zu erhalten, muß es unſer erſtes Streben ſein, die Jugend zur Geſetzlichkeit zu gewöhnen. 11. 2. B. S. 238. 1834.

___

Wie ich überzeugt bin, daß ſich keinem Sterblichen die ganze Wahrheit enthüllt und offenbart, wie ich alſo an keine Infallibilität glaube, ſo fühle ich auch ſehr wohl die Schwäche meiner Worte. Aber wir ſchreiben ja, um zu lernen und an= zuregen. 11. 2. B. S. 240. 1834.

___

Du, lieber Fröbel, haſt es, ſo wenig wie ich, den »Phariſäern und Schriftgelehrten« und denjenigen, die im »hohen Rathe« ſitzen, zu Dank machen können; aber der ausgeſtreute Samen fällt doch zuweilen auf ein gutes Land und — die Treue gegen die Ueberzeugung in der Bruſt geht, jetzt wie immerdar, über Alles. 12. S. VI. 1835—1850.

___

8

Das Bewußtsein: der besseren, strebenden Menschheit zu= gezählt zu werden oder sich zuzählen zu können, ist hoffentlich dir, wie mir, nicht um ein Linsengericht, ja nicht um einen Purpurmantel feil.

12. S. XIII. 1835—1850.

Ich kann mir keine wahre, selbsteigene, d. h. zu eigen ge= wordene Bildung denken ohne Untersuchung und Prüfung, ohne Selbstdenken und Anstrengung.

12. S. XXI. 1835—1850.

Ich würde mich verachten, wenn ich nicht für die Interessen meines Standes mitkämpfte, für die großen Interessen der öffentlichen Erziehung, deren Gedeihen, außer Anderm, was wir besitzen, geknüpft ist an dieselben Bedingungen, von welchen v. Münchhausen das Wohl der Georgia Augusta ableitete:
„Honos et praemium",
Ehre und Belohnung der Lehrer.

12. S. XXVI. 1835—1850.

Diejenigen, welche wähnen sollten, ich huldige, wenn ich überall auf die Entwickelung der Selbstthätigkeit und freien Selbstbestimmung des Individuums bringe, einer schlaffen, weichlichen Erziehung, verweise ich auf alle, diesen Gegenstand besprechenden Aufsätze meines ganzen Lebens.

Je freier die Institutionen des Volkes, desto strenger muß die Erziehung sein. Das ist einer meiner fundamentalen Er= ziehungsgrundsätze.

12. 1. B. S. 102. 1835—1850.

Wir scheuen den Kampf im Leben, aber wir lieben ihn auf dem Papier. Die Feder ist unser Schwert, die Dinte unser Pulver, die Bücher unsere Kugeln.

12. 1. B. S. 157. 1835—1850.

Meine Ansichten sind dieselben geblieben. Was ich nach dem 18. März bin, war ich vor demselben.

12. 1. B. S. 296. 1835—1850.

Ich erinnere mich aus meinem ganzen Schulleben einer einzigen Stunde, in welcher der Lehrer mein Gemüth traf; sie ist mir aber auch unvergeßlich geblieben.

12. 1. B. S. 404. 1835—1850.

Mir wird die Offenheit durch keine Tugend übertroffen, weil sie so selten ist. Aber selbst bei der höchsten Liebe zu derselben, setzt man der Offenherzigkeit Grenzen. Es frommt nicht, Alles zu sagen. Christus selbst sagte nicht Alles. Einmal steht Manches, was man erlebt und gethan hat, in keiner nothwendigen oder nachweisbaren Verbindung mit der folgenden Lebensrichtung oder mit dem vorliegenden Zwecke, und dann darf man sich Manches zu denken erlauben, was zu sagen nicht Sitte ist.

„Gar Vieles kann, gar Vieles muß geschehen,
Was man mit Worten nicht bekennen kann."

Goethe.

Ich vertheidige nur meine eigenen Ansichten. Aber ich bin nicht so engherzig und einseitig, daß ich die denselben entgegengesetzten nicht zulassen sollte. Durch Vergleichung und Prüfung gelangt man zur »Wahrheit, die uns frei macht«. Denn dieses ist ihr Charakter: sie entfesselt den Geist, löset ihm die Schwingen.

13. S. 32. 1835.

Sophistische Wortverdreher und dummdreiste Konsequenzmacher lassen uns sagen, daß feindselige Absichten gegen die Religion die Lenker unserer Ansichten und Bestrebungen seien. Solchen Gegnern gegenüber sagen wir, daß sie sich irren oder lügen.

14. 2. B. S. 731. 1835—1851.

Es giebt auch Pflichten gegen Bücher, die wir recht ernst und oft schwer fühlen.

15. 1. B. S. 113. 1835.

So lange es Leute giebt, die dich zu lesen nicht ermüden, so lange darfst du nicht müde werden zu schreiben. Und flugs suche ich ein Stündchen zu erwischen und seine Minuten auszulaufen, um regelmäßig an der Thür der alten Bekannten anzuklopfen. 15. 1. B. S. 235. 1835.

Ich liebe festen, bestimmten Plan, objektive Zwecke. In die Welt hinein reisen, um die Welt zu sehen, es ist nicht meine Sache. — Will ich mich befriedigt fühlen, so muß ich wissen, warum ich das thue, was ich thue. Selbst Naturgenuß und Kunst an und für sich, Vergnügen und Amüsement, wie die Leute es nennen, ist mir nicht genug. Ich muß den Nutzen für mein Amt, oder für Körper und Geist einsehen, begreifen, wenn ich zufrieden sein soll. Es ist ein beschränkter Standpunkt, ich sehe es ein, aber er ist ein, dem ernsten Gange meiner Lebensrichtung entsprechender, nothwendiger. Darum fesselt mich jedoch der mir bei dieser Reise (nach Dänemark) vorliegende Zweck nicht, sondern er dient zu meiner Befriedigung. Ihn werde ich erreichen, selbst wenn ich keine anderen (Neben-) Zwecke erreiche, z. B. nichts Merkwürdiges sehen, keine interessanten Bekanntschaften machen, mich selbst leiblich nicht erfrischen sollte. Aber engherzig beziehe ich auch nicht Alles auf jenen Zweck. Ich will Alles, was mir merkwürdig scheint und ohne zu große Schwierigkeiten zugänglich ist, sehen, genießen, erleben. Ich betrachte nicht den Tag für verloren, an dem ich nicht Schulsachen durchdacht oder Schuleinrichtungen gesehen habe. Wenn nur der Hauptzweck Hauptsache bleibt! Ohne Absicht bezieht sich doch Alles auf die dem Schulmanne eigene Richtung. Wie Keiner, so ist dieser am wenigsten ein Universal- oder Normalmensch. 16. S. 6. 1836.

Ich suche, wenn Verhältnisse mich mit einem Menschen in Berührung setzen, dessen Eigenthümlichkeit aufzufassen und später, wenn ich etwas von seiner Entwickelung, seinem Stande, seinen Schicksalen erfahre, eine Erklärung zu finden, warum der Mensch so geworden ist, wie er geworden, so weit Solches überhaupt oder in einem speciellen Falle möglich ist. 16. S. 11. 1836.

Ich verhalte mich auf Reisen, um die Zwecke der Belebung, Erfrischung und Belehrung zu erreichen, im ruhigen, mehr passiven als activen, im aufnehmenden Zustande. Ich lasse auf mich einwirken, ich öffne die Sinne, um Eindrücke aller Art zu empfangen, lasse zu allen Thoren die Welt in mich einziehen und freue mich ihrer Kraft.

16. S. 14. 1836.

Manchmal nach einem Tage, an dem des Lehrens recht viel war, oder am Ende einer Woche, eines halben Jahres bin ich mir vorgekommen wie ein ausgeleerter Schlauch oder ein ausgespielter Komödiant.

Mit welcher Begierde habe ich dann am Abend noch einige Seiten eines, lehrreichen Stoff bietenden Buches verschlungen, oder wie leer und öde habe ich mich gefühlt, wenn ich ohne diese Labung das Bett suchen mußte, welche innere Unruhe, Gewissensbissen gleich, hat mich dann überfallen, und welche Wonne hat eine Reise mir gebracht! Auch dies Mal — auf der Reise nach den dänischen Staaten — hat die Natur schon bis hierher mich wunderbar gestärkt, und ich fühle mich schon einen andern Menschen. Nicht ohne Bewegung habe ich die wallenden Saaten betrachtet, nicht ohne geistige Erquickung die herrliche Luft getrunken, und des Daseins, des Gedankens, ein Mensch zu sein, mich gefreut; mich gefreut, daß ich denken kann und empfinden und wollen. Gott ist ein weises, ein gütiges Wesen.

16. S. 14 u. 15. 1836.

Ich bin in einem der interessantesten, merkwürdigsten Thäler Deutschlands geboren und aufgewachsen; aber Tausende von Berliner Knaben lernen aus ihrer Sandbüchse mehr, als ich in meiner, über und unter der Erde reichst begabten Heimath gelernt habe. Das liegt in der Beschaffenheit des Unterrichts.

16. S. 48. 1836.

Ich glaube an die Unsterblichkeit der Seele mit persönlichem Bewußtsein; aber ich kann nicht bergen, daß ich in den verschiedensten Situationen darüber nachgedacht und daran gezweifelt habe.

16. S. 65. 1836.

Ich fühle mich, kraft des lautern Bewußtseins, nur das für wahr und gut Erkannte fördern zu helfen, doch gedrungen, dem höhern Grundsatze zu folgen: »Wer da weiß, Gutes zu thun« (d. h. glaubt, Gutes thun zu können), »und thut es nicht« (versucht es nicht), »dem ist's Sünde.«

17. S. XV. 1836—1837.

Ich huldige ganz der Ansicht Schiller's, daß der Mann sich an's Vaterland, »an's theure«, anzuschließen und dessen Interessen und Bedürfnisse im innersten Herzen mitzuempfinden habe, darum auch von seinem engsten Wirkungskreise, dem Berufe, nicht so erfüllt werden dürfe, daß ihm kein Blick, keine Theilnahme, keine Sorge und keine Liebe mehr für das große, schöne Ganze übrig bleibe.

17. S. XV. 1836—1837.

Redliches Meinen und Streben kann bestehen bei diametraler Divergenz der Ansichten. Wer das noch nicht erfahren hat, hat wenig erfahren; wer es nicht weiß, steht tief. Darum verlange ich, daß die Gegner meine Meinungen dulden; mehr fordere ich nicht. Wie sie, vindicire ich für mich das Recht, meine Meinungen aussprechen zu dürfen. Wem sie nicht gefallen, lege sie bei Seite oder widerlege sie! Ich bringe meine Waare auf den Markt. Reiche Mannigfaltigkeit der verkäuflichen Artikel erfreut den Marktbesuchenden. Verschieden ist der Geschmack, der Standpunkt, das Bedürfniß. Jeder kaufe nach seinen Verhältnissen! Das Uebrige überlasse er Anderen!

17. S. XVIII. 1836—1837.

Da ein Tumult des Volks Jeden bedroht, und der Unschuldigste dabei sein Vermögen, sein Leben einbüßen kann, so giebt dies einem Jeden das Recht, zu sagen, was er darüber denkt. Und für den, welcher darüber ein gutes Wort sagen zu können meint, für den ist es Pflicht.

Diesen Gedanken halte ich mir vor; ja, er verfolgt mich. Ich habe mich bemüht, ihn mir aus dem Sinn zu schlagen; vergebens. Ich habe zu mir gesagt: Was geht es dich an?

Aber mein Inneres hat Einspruch dagegen gethan. Ich muß mich von dem treibenden Gedanken befreien, dadurch, daß ich rede. Ich kann nicht anders. Vielleicht sind es unnütze Gedanken, überflüssige — möglich, daß ich die Sache von schiefer Seite, durch's Vergrößerungsglas ansehe. Vielleicht! Aber womit beschäftigen sich Menschen nicht! Wie viel Zeit, Geld, Papier, Kraft wird verschwendet! Darum wird es auch mir erlaubt sein, ein paar Stunden — zu verschwenden. Es wäre möglich. Denn wer vermag mit Sicherheit zu bestimmen, daß aus seinem Beginnen mit Nothwendigkeit Gutes entstehen werde? Das vermag keiner. Nur für seine Absicht, die Tendenz und den Zweck seines Strebens kann der Mensch einstehen. Dieser Gedanke giebt mir Zuversicht und Kraft, und ich schlage mir störende Nebengedanken aus dem Sinn, namentlich den lähmenden: man werde mir, wenn ich Zustände, table, die niedrige Absicht zutrauen, einzelne Personen angreifen oder gar schmähen, sie mit Vorwürfen belasten zu wollen. Davor schützt mich schon meine Ueberzeugung, daß die Mängel unseres Lebens in der bisherigen Entwickelung liegen, nicht in den Personen.

17. S. 63. 1836—1837.

Ich habe mancherlei Streit gehabt, auch in Amtsverhältnissen oder aus diesen hervorgehend; aber mit dem Pfarrer meines Wirkungskreises bin ich stets Freund gewesen. Das Interesse der Erziehung der Jugend verlangt es also, das Gegentheil wirkt zu nachtheilig, und auch in wunderliche Naturen muß man sich, um der Sache willen, zu finden wissen. Das Leben des Schulmannes ist beschwerlich und enge. Wie kann man nun der Feind seiner Sache und seiner selbst in dem Grade sein, daß man mit dem Pfarrer der Gemeinde, deren Kinder man zu erziehen übernommen hat, Streit und Feindschaft anfängt? »Friede sei mit Euch!« Welche Anforderungen dieses Wort an die Geistlichen macht, das brauche ich Ihnen nicht zu sagen. Ich wollte nur meinen Collegen, den Schullehrern, meine Meinung mittheilen.

17. S. 107. 1836—1837.

Gegen den mir gemachten Vorwurf einer »fortgesetzten Opposition gegen die Geistlichen« muß ich förmlich protestiren. Die Behauptung ist, was ich nach meiner innern Ueberzeugung

und Denkweise am besten wissen muß, sowohl was die »Oppo=
sition«, als was die Fortsetzung betrifft, ungerecht. Dieses
bemerke ich darum, weil es nicht an Leuten fehlt, welche, die
Personen mit den Sachen identificirend und diese an.die Stelle
jener escamotirend, im Stande wären, den zugegebenen oder
mit Stillschweigen hingenommenen Vorwurf einer Opposition
gegen die Geistlichen zu der Beschuldigung einer Opposition
gegen das Christenthum zu verkehren und zu verdrehen. Man
hat ja Beispiele! Und eine solche Beschuldigung, nicht bloß der
Ketzerei, sondern der Irr=Religion, ja sogar der Feindschaft gegen
die absolute Wahrheit, ist von der Art, daß ein alter Kirchen=
vater sie als eine solche schildert, in qua tolerantem esse, im-
pietatis sit, non virtus.

18. I. S. 92. 1837—1838.

Mir sind vielerlei Vorwürfe im Leben gemacht worden und
ich mag manchen verdienen, aber gewiß nicht den der Un=
entschiedenheit in Bestrebungen und Richtungen. Habe ich dabei
jemals im Leben mich von einem katholischen Lehrer abgewandt,
weil er meiner Confession nicht angehörte, einem Tüchtigen
meine Achtung versagt, weil er über manche religiöse Gegen=
stände anders dachte, anders denken mußte u. s. w.? Ich würde
mich verachten, wenn ich es gethan. Die höchste Eigenschaft
eines Christen ist die Liebe, und sie bleibt es in Ewigkeit.

18. II. S. 14. 1837—1838.

Was ich wollte und will? Die jungen Leute zu lebendigem
Streben erregen, in ihnen die Bildung begründen, sie mit Liebe
zum Amt und zu den Kindern erfüllen, als Kern der Bildung
sittlich=religiöse Gesinnungen und Grundsätze hervorrufen, sie zu
Weckern der Volkskraft stempeln und — vernünftig machen. Ich
wollte sie, nach einem tiefsinnigen Ausspruch Schleiermacher's
lehren, zwar Alles mit, aber nicht aus Religion zu thun, mit
einem Worte, ich wollte pestalozzisch wirken.*

18. II. S. 16. 1837—1838.

---

*Was Diesterweg hier und auf den folgenden Seiten der „Streitfragen"
von sich redet, übergehe ich, weil ich dasselbe schon zwei Mal — 1846 und
1868 — mitgetheilt habe. E. L.

Ohne es zu wissen und zu wollen, bin ich in der Ueber=
legung über den Einfluß der eigentlichen Haupt=Faktoren der
Erziehung im Großen und Ganzen über die Grenzen der Schul=
wirksamkeit hinausgeführt worden. (Beiträge zur Lösung der
Lebensfrage der Civilisation.) Unwillkürlich und unabsichtlich
bin ich so in Tendenzen und Strebungen Pestalozzi's und
Salzmann's hinein gerathen.   19. 2. B. S. 108. 1838.

———

Leute, die mich kennen, werfen mir vor, daß ich im Um=
gange oft allzu wortkarg sei. Ich glaube, daß sie recht haben,
denn ich muß es nur gestehen, daß die Menschen mir viel zu
viel reden.   20. 1. B. S. 134. 1839.

———

Nur das bringt Segen und Gedeihen, was man mit freiem
Geist vollzieht; nur da ist man als Lehrer glücklich, wo man
sich frei fühlt. Wie wenig haben darum die mich verstanden,
die da meinten, ich wolle die studirenden Jünglinge um den
Rest von Freiheit bringen, der ihnen geblieben; wie wenig die,
die meinten und meinen, die wahre, entfesselnde Thätigkeit des
Lehrers (wozu die entwickelnde Lehrart gehört) durch Schul=
zwang und Schulmeisterkünste ersetzen zu wollen (ich wollte
zeigen, wie man lerne und übe das Entfesseln), sei mir in den
Sinn gekommen; wie wenig die, die meinten, ich sei ein Freund
des Gängelns und Monirens und wolle das Schulmeisterthum
über die Jahre der Männlichkeit ausdehnen.
                          20. 2. B. S. 151. 1839.

———

Gerade die, welche die Personen über die Sache setzen, ver=
langen Rücksichten und wieder Rücksichten. Ich gestehe es, daß
ich dieses Tergiversiren verachte. Gebe Gott, daß dieses Rück=
sichtnehmen, diese Weltklugheit, diese Selbstsucht mehr und mehr
unter uns schwinde. Wer die Sache im Auge hat, ihr dienen
will, kann nicht jede alte Perücke berücksichtigen.
                          20. 2. B. S. 346. 1839.

———

· Ich fing 1814 an, an Guts-Muths' Zeitschrift mitzuarbeiten.
Der Emancipation, die von uns selbst ausgehen muß, geht die
Zeit vorher, in der man sich an Andere anschließt.

21. 1. B. S. 30. 1840.

Einst, als ich freiwillig, nachdem ich die materielle und
geistige Noth des Volkes erkannt und die Zustände und Ver=
hältnisse vieler Lehrer wahrgenommen, den Entschluß faßte, von
der Laufbahn eines Lehrers an Gelehrtenschulen abzugehen und
mich für immer dem Volksschulwesen und was damit zusammen=
hängt zu widmen, that ich das Gelübde, die Kräfte, die mir
Gott verliehen, die Gelegenheiten, die er mir senden, die Mittel,
die er mir spenden werde, dazu zu benutzen, daß es mit der
Sache des Volkes, seiner Unterweisung und Erziehung etwas
besser werden möge, damit ich nicht umsonst gelebt haben möge.
Diesen Schwur habe ich bisher nach Möglichkeit zu halten gesucht.

21. 1. B. S. 164. 1840.

Der Lügner soll es uns nachsagen, daß wir darnach trachten,
uns von der religiösen Richtung zu entfernen; vielmehr wollen
wir uns in dieselbe vertiefen.

21. 1. B. S. 206. 1840.

Auf den Unterschied, der zwischen Wissen und Erkennen
oder todtem und lebendigem Wissen stattfindet, hat Niemand
mehr zu achten, als der Examinator, wenn er sich die Aufgabe
stellt, die Köpfe zu prüfen und über den Grad der Intelligenz
des Examinanden ein Urtheil abzugeben.

Davon habe ich als Student im ersten Jahre meines aka=
demischen Cursus an mir selbst ein Beispiel erlebt. Als ich
meinem sel. Vater klagte, daß ich die Elemente des Euklid nicht
verstehen könne, ließ er mich bei dem Professor (einem Manne
von Renommé) ein Privatissimum nehmen. Es ging mir darin
nicht besser. Ich konnte mir, zu eifrig, um nichts zu wissen,
nicht anders helfen, als dadurch, daß ich die Sätze und ihre
Beweise mit unendlicher Mühe dem Gedächtniß imprimirte.
Der gelehrte Mann war mit dem Resultat vollkommen zu=
frieden und entließ mich, wenn ich mein Pensum hergebetet

hatte, mit den Lobsprüchen: bene, optime. Das war Unter=
richt auf einer Hochschule, nach der noch nicht ausgestorbenen
Methode: wie man die Schüler dumm macht.
21. 2. B. S. 120. 1840.

Gern verzeihe ich einem Schüler einen Fehler, wenn er den
Fehler als Fehler erkennt und zugiebt. Aber nichts entrüstet
mich mehr, als das Entschuldigen, Rechtfertigen, Beschönigen
der Fehler. In wem das Gewohnheit und Uebung wird —
den gebe man nur auf, er ist für die Menschheit verloren.
22. 1. B. S. 146. 1844.

Meine eigenen Bücher sind mir mit nichten Maßstäbe für
meine Ansichten und Forderungen in diesem Jahre, und ich
glaube den Beweis geliefert zu haben, daß ich es anzuerkennen
weiß, wenn Andere mehr leisten.
22. 1. B. S. 359. 1844.

Ob meine Ansichten den Sieg davon tragen, ist mir gleich=
gültig, wenn nur die Wahrheit siegt. An dem endlichen Siege
derselben im Allgemeinen habe ich zwar, Gottlob! nur in einzelnen,
düsteren und verdüsterten, Augenblicken, denen wohl Keiner ganz
entgeht, gezweifelt. 23. 1. B. S. 5. 1845.

Ich will keines Menschen Meister sein, nicht einmal für
meine unmittelbaren, unreifen Seminarschüler, geschweige denn
für Lehrer. 23. 1. B. S. 291. 1845.

Gleichgültig ist es mir keineswegs, was die Lehrer denken;
aber ich achte auch die Verschiedenheit, wenn sie nicht geradezu
schlecht, verderblich und total veraltet ist, d. h. mit unserm Stand=
punkte nicht mehr übereinstimmt, ja, ich möchte sie schon darum
lieben, weil ohne sie das Leben unausstehlich langweilig, weil
einförmig, wäre, und es ohne sie nicht einmal etwas zu schreiben
gäbe. Wer ertrüge es, wenn alle Blüthen einerlei Farben
hätten? 23. 1. B. S. 318. 1845.

18

Nicht Jedem, der Einen, noch obendrein verlarvt, auf dem offenen Markte anzufallen Lust hat, steht man Rede und Antwort.

23. 2. B. S. 144. 1845.

Ich bestimme den Werth eines Menschen nicht nach ihrem dogmatischen Bekenntniß, sondern nach ihrer Gesinnung und nach ihrem Handeln.

23. 2. B. S. 280. 1845.

Mir erscheint der lebendige Gott alltäglich, ich sehe ihn, ich greife ihn. Ich sehe ihn in dem Mond, in der Sonne, in den Sternen, in Wolken, Wellen und Winden, absonderlich erscheint er mir in Menschen, in gottbegabten, herrlichen, göttlichen Menschen, z. B. in einem solchen, wie Pestalozzi war. Kann ich keinen Menschen mehr verehren, d. h. mich ihm in Liebe und Dank hingeben, und zwar nicht halb oder drei Viertel, sondern ganz, — nicht mehr wirken im Glauben an den in der Natur und im Menschen lebendigen Gott, so möchte ich, statt ein Lehrer und Erzieher zu sein, lieber wie ein Rind= vieh die Hälfte des Lebens verschlafen und in der andern Hälfte Heu und Gras verzehren.

23. 2. B. S. 357. 1845.

Ich verspüre den belebendsten Erfolg, eigentliche Förderung durch solche Schriften, die mich an= und aufregen. Ich unter= scheide das Eine vom Andern nicht. Ob ich durch einen Autor beunruhigt werde oder nicht, ob er mir eine schlaflose Nacht ver= ursacht, ist mir gleichgültig. Wenn ich nur durch ihn gewinne! Die Zufriedenheit ist für mich kein Ideal. Ich sehe Tausende mit Dingen zufrieden, mit denen Keiner zufrieden sein sollte.

24. 2. B. S. 135. 1846.

Christenthum ist in seinem Kerne: Humanität. Humanität: Wesen des Christenthums. Weil es dieses ist, weil die Bibel den Humanismus predigt, und zwar nicht in einem abgeschlossenen System, sondern im Geist und in der Wahrheit, und in einer Form, die sich anschmiegt und verschwistert und amalgamirt mit jeder Art des Fortschritts in Wissenschaft und Kunst, im socialen, bürgerlichen und politischen Leben; darum ist sie ein ewiges, universales Buch. Wir huldigen ihm, wie wir dem Humanismus huldigen. Humanität gegen die ganze Welt, gegen Alles, was Mensch heißt, und vorzugsweise gegen die, welche zu den Niedrigen, Gedrückten, Gefesselten gehören, ist unser Wahlspruch, ist das Princip unseres Denkens und Thuns. »Ihn jammerte des Volks.«

25. S. 31. 1846.

Ich muß es gestehen: offen und frei aus der Brust und darum mit gegenseitiger Befriedigung habe ich nur lehren können, wenn ich mit meinen Zöglingen allein war. Gewisse Personen, die zuweilen meinem Unterrichte beiwohnten, haben mir wohl das Gefühl aufgenöthigt, als sei die Luft verpestet. An Leib und Seele habe ich mich gelähmt gefühlt, ich hätte meinen Beruf verwünschen mögen.

26. S. 136. 1847.

Des Streits habe ich viel im Leben gehabt, des öffent= lichen; aber nicht des häuslichen, weder in der Familie, noch in der Anstalt. Ich liebe den Streit, schriftlich und mündlich, wenn es um Sachen geht; aber gewiß ist Keinem der persön= liche Streit, der Streit um Persönlichkeiten, die Feindschaft mit Personen, mit denen man verkehren, mit denen man zusammen= kommen muß, mehr verhaßt als mir. Um des Friedens mit diesen willen habe ich stets die größten Opfer gebracht; ich habe mich manchmal fast gezwungen gefühlt, meine Grundsätze zu verleugnen, und ich fürchte, daß ich es einige Male gethan — um des Friedens willen. Darum habe ich mit Collegen, so weit es nur menschenmöglich war, im Frieden gelebt, mit Collegen, die oft so weit rechts gingen, als ich — links ging.

Aber Unordnung dulde ich nicht, nicht bei meinen Collegen und folglich auch nicht bei meinen Schülern. Ich kann es nicht. Und das hat mich manchmal genöthigt, wie sie sagen, streng zu sein. 27. 2. B. S. 120. 1847.

2*

Ich freue mich der Fröhlichkeit, Heiterkeit, frischen Lebens-
lust 2c. meiner Schüler und Zöglinge — in Ordnung.

27. 2. B. S. 121. 1847.

Mich erhält (unter so vielen Erbärmlichkeiten) das Vertrauen zu der Menschennatur und die Ueberzeugung: der Mensch
ist im Ganzen ein Produkt seiner Lage. Darum: ändert,
bessert man diese, so entsteht ein besseres Geschlecht. Wer von
dieser Ueberzeugung erfüllt ist, kann zwar auch mürbe gemacht
werden, aber aufhören kann er nicht.

28. 2. B. S. 406. 1848.

Unter den Vorwürfen, die mir in meinem Leben gemacht
worden sind, entbehrt keiner mehr der Begründung, als der,
daß ich meine Ansichten oder Meinungen Andern aufreden
möchte und aufzuzwingen suchte. Von dieser Verkehrtheit kann
Keiner weiter entfernt sein, als ich, weil ein Princip mich zum
Gegentheil zwingt. Ich hege nämlich die Ueberzeugung, daß
jeder — einem Andern nachgesprochene, auf dessen Autorität
blind angenommene Satz dem Menschen schadet.

29. S. 4. 1848.

Ich habe die Lehrer vertheidigt, weil ich sie für ver-
theidigungswürdig gehalten habe und halte.

30. 1. B. S. 117. 1849.

Meine Unterrichtsweise würde sich durch den 18. März 1848
nicht um ein Haar geändert haben.

30. 1. B. S. 348. 1849.

Ein geborener Feind alles Parteitreibens, aller clubartigen
Zusammenschaarung, aller ausschließenden Unsigkeit, habe ich
dennoch hier und da, um den Charakter der Versammlung und
die Stimmung des Volkes kennen zu lernen, einer Volks-
versammlung beigewohnt, und mich besuchende auswärtige
Freunde haben mich veranlaßt, bei Besuchen der Berliner Clubs

den Führer abzugeben. Aber was habe ich mitunter da empfunden, was hat sich in meiner Brust geregt? Ich gestehe, daß ich Stunden — und Tage — lang mich des empfangenen Eindrucks nicht habe erwehren können und zum pädagogischen Arbeiten und Wirken unfähig gefühlt habe, und selbst dann haben die leidenschaftlichen Parteistreitigkeiten einen solchen Eindruck auf mich gemacht, wenn ich sah, daß das, was ich für das Rechte und Gute erachte, den Sieg davon trug.

30. 1. B. S. 352. 1849.

Ich bekenne, daß ich in gewohnter Achtung vor achtungswerthen Personen und Vorgesetzten oft gewünscht habe, Unrecht zu haben; ich leugne nicht, daß mir das innere Gefühl der Nichtübereinstimmung mit den Richtungen von Oben her tausend und aber tausend schwere Stunden bereitet hat: ich habe mich darum nach Aufklärung über das Wesen des Ministeriums Eichhorn gesehnt. (Eilers hat dieses in einer Schrift gethan.) Das Publikum hat längst über dasselbe den Stab gebrochen, ich habe es kaum über mich vermocht. Nicht, als wenn ich dasselbe in meinem kleinen Wirkungskreise unterstützt hätte; aber mich beherrscht die Scheu, leicht und schnell über Andere abzusprechen oder gar sie zu verurtheilen. Was ich gethan und erstrebt habe, that ich, weil ich es nicht lassen konnte. Tausendmal habe ich gewünscht, ich möchte es anders machen können; aber es war nicht möglich.

30. 2. B. S. 122. 1849.

Ich glaube auch ein Freund der freien Bewegung und der Freiheit überhaupt zu sein und hasse nichts mehr als Geistesbeengung; aber ein eben so großer Feind der Willkür und des subjektiven Beliebens: tel est notre bon plaisir — bin ich.

30. 2. B. S. 384. 1849.

Ich liebe das Gesetz, versteht sich, das vernünftige; ich will die Ordnung und den Gehorsam. Ich kann mir weder eine eigentliche Jugend-, noch eine männliche Erziehung denken ohne Strenge. Ich kann mir auch kein männliches Dasein denken

ohne strenge Gewalt über sich selbst. Ich kann mir nicht
denken, wie männliche, energische Eigenschaften hervorgehen
könnten in Weichlichkeit, Schlaffheit und Willkür.

31. S. 34. 1849.

Es liegt mir wenig an der Bekämpfung eines Gegners,
viel dagegen an der Ausbreitung richtiger Ansichten.

32. 1. B. S. 292. 1850.

»Frei und streng«, das ist unser Losungswort. Nicht »un=
frei und streng«, auch nicht »frei und lax«, noch weniger
»unfrei und schwach«.

32. 1. B. S. 335. 1850.

Amtlich zur Ruhe verwiesen, hoffe ich doch nicht eher auf=
hören zu müssen, zu wirken, bis ein Höherer mir Einhalt ge=
bietet. In Gottes Hand stehen wir Alle; Gott sei Dank, füge
ich hinzu. Wohl dem, der in keiner anderen steht! »Besser
ist's« — wie der Tell sagt — »man fällt in Gottes Hand,
als in der Menschen.«

32. 2. B. S. 264. 1850.

Ich glaube nicht, daß es viele Menschen giebt, welche
persönliche Streitigkeiten besonders mit Personen, mit welchen
man nahe zusammen ist, mehr hassen, als ich, und ich habe,
indem ich amtlich und collegialisch mit sehr »heiklichen« Menschen
ausgekommen bin, Beweise davon geliefert; aber den Streit um
Sachen, um Ideen habe ich niemals verschmäht. Denn dadurch
kommt die Wahrheit an den Tag.

32. 2. B. S. 400. 1850.

Die Kämpfe haben mich nicht geschwächt, sondern gestärkt.
Ich will nicht leugnen, daß mir mancher einige Stunden Schlafs
geraubt; aber hinterher, da es mir niemals um den Schein,
niemals um Rechthaberei und das letzte Wort, stets nur um
die Wahrheit zu thun war, fühlte ich die stärkende Wirkung.

Ich bin von meinen Vorgesetzten oft wegen dieser literarischen, unblutigen Fehden hart angelassen worden, und der Gedanke an solche Mahnungen und Verwarnungen wirkte augenblicklich störend. Ja, ich nahm mir, wenn ich sie empfing, redlich vor, die Winke zu benutzen und mich vor jedem ferneren Konflikte zu hüten, kurz, mich zu »bessern«. Aber, es war sonderbar, so wie ich die Feder ansetzte, war der Gedanke an den Herrn Minister, Oberpräsident, Schulrath und Alles vergessen, nur die Sache schwebte mir vor Augen, und so kam es denn, wie es kam. In Zeiten der Ruhe habe ich mir oft eine ernste Fehde gewünscht. 32. 2. B. S. 401. 1850.

Ich habe mich weder des Beifalls eines Ministers, noch des eines Oberpräsidenten, noch des eines Schulraths ꝛc. zu erfreuen gehabt, vielleicht hätte auch das, wäre es der Fall gewesen, mich gefreut, ich bin ja auch ein Mensch und »hätte ja auch wohl mögen Freude haben«; aber sie ist mir nicht geworden; aber dafür hat mir mancher Lehrer, mancher arme Dorfschul=lehrer ganz im Stillen die Hand gedrückt und mir in's Ohr geflüstert: ich kenne Dich, Du bist mein Freund, ich bin der Deinige, unsere Einigung ruht auf der Einheit der Ueberzeugung von dem Rechten und Guten und auf dem unerschütterlichen Boden der Rechtlichkeit und Sittlichkeit, den keine Gewalt der Erde zu erschüttern vermag — diese sanften und lieben Worte waren mir mehr, als das immer zweideutige Lob, selbst von einem Dutzend Geheimer Staatsminister und Geheimer Räthe. 32. 2. B. S. 403 u. 404. 1850.

Wenn ein Goethe sagt (Eckermann's Gespräche, III. Seite 40): »Man war im Grunde nie mit mir zufrieden und wollte mich anders haben, als es Gott gefallen, mich zu machen«, nun so darf ich wohl ohne Beschämung dasselbe von mir sagen. 32. 2. B. S. 408. 1850.

Ich habe nie mit meiner Meinung zurückgehalten, ich habe es nie gekonnt. Darum habe ich von Anfang an und wie ich glaube, allmählig in größerer Reife und mit mehr Stärke für strenge Erziehung und entwickelnden Unterricht, für relative, der Sache entsprechende Selbstständigkeit der Schule, für Be= freiung der Schule von der Beaufsichtigung durch Nicht=Sach= kenner, für eine tiefer zu begründende und praktischere Aus= bildung der Lehrer, für ein auskömmliches Gehalt derselben, für freie Fortbildungsschulen und freie Vereine der Lehrer und andere dringende Bedürfnisse der Schule und der Lehrer ge= kämpft. Ich konnte nicht anders. 33. S. 50. 1851.

Mir war es bei jenen Ab= und Ausschweifungen (die Lebensfragen der Civilisation) von meinem amtlichen Berufe um das auf der Sittlichkeit ruhende Wohl meiner Mitmenschen zu thun, von ihr ging ich aus, auf sie bezog sich Alles. Ohne sie ist mir das Gerede von Intelligenz die Aeußerung des Bettelstolzes. 33. S. 53. 1851.

Ich habe es für eine Aufgabe meines Lebens gehalten, die Blüthe der Lehrer=Conferenzen nach Kräften zu fördern. 33. S. 67. 1851.

Ich habe mich nie in objektiven oder Amtsangelegenheiten subjektiver Mittel (persönlicher Bitten, Benutzung der Gewohn= heiten, Liebhabereien, Schwächen ꝛc. der Vorgesetzten) bedienen können. Ich stellte die Sache dar und erwartete, was sie wirken könne und möge. Ich erreichte auch in der Regel wenig oder nichts. Aber ich verzichtete lieber auf den Erfolg, als daß ich den Grundsatz »der Zweck heiligt die Mittel« hätte anwenden können. 33. S. 86. 1851.

Ich hielt seit lange den confessionellen Schulunterricht für nicht pädagogisch; seit 1848 haben sich darin meine Ansichten sehr erweitert. 33. S. 89. 1851.

Ich fühlte 1847 das Herannahen einer Revolution.
33. S. 89. 1851.

Den Werth aller Bestrebungen ohne Ausnahme messe ich an dem Maßstabe, ob sie dem Begriff der freien Entwickelung, Selbstbefreiung und Selbstthätigkeit der Menschen entsprechen. Je nach dem billige oder verwerfe ich sie, und zwar alle, sie mögen ausgehen, von wem sie wollen. Um der Förderung des menschlichen, des wahrhaft menschlichen Lebens willen ist Alles da, was auf Erden ist, Kirche und Schule, Staat und Regierung. Diese taugen, wenn sie jenem Zwecke dienen; wo nicht, nicht.
33. S. 90. 1851.

Wie ein Pädagoge niemals auf die Entwickelung der Menschen verzichten kann und wird, eben so wenig wird er jemals ein Demagoge sein. Er will Alles auf dem Wege der natürlichen Entwickelung; diese aber will er immer und überall. Ihre Folgen können nur gute, nur beglückende sein. Denn die Bestimmung der Menschen liegt in der ihrer Natur entsprechenden Thätigkeit, und das menschliche Glück fällt mit der Erreichung der Bestimmung zusammen.

Diese Sätze bezeichnen den Grund, das Ziel und die Grenze meiner Thätigkeit. Weniger, als sie setzen, habe ich nicht gewollt, aber auch nicht mehr.
33. S. 91. 1851.

Es kam darauf an, in mir das Princip der modernen Schule zu verwerfen, und, daß man Letzteres nicht wolle, durch meine Entlassung dem betreffenden Lehrerstande deutlichst zu offenbaren. Ich konnte nicht geduldet werden, dieses begriff ich — in dem Begreifen liegt die Heilung des Schmerzes.
33. S. 92. 1851.

So wenig ich gegen Lob und Tadel, besonders wenn es der Person um der Sache willen gilt, gleichgültig bin, so habe ich doch durch lange Erfahrung und anhaltende Uebung gelernt, der Eitelkeit Valo zu sagen, mich in der Entsagung zu stärken und mich nur der Zustimmung gesinnungsverwandter und charakterfester Männer zu freuen. 34. 1. B. S. 348. 1851.

Einstmals stand auch ich auf engherzig confessionellem Standpunkte — die Pädagogik hat mich davon befreiet. Nur sie, nur ächte, wahre Gründe haben Einfluß auf mich, ich will nur der wahren Menschen- und Volksbildung dienen, aber keiner Kirchenpartei, und zwar eben so wenig wie irgend einer andern Partei. 34. 2. B. S. 28. 1851.

Einen Gedanken, den man für wichtig erachtet, bei sich zu behalten, in sich zu verschließen, halte ich für unrecht. Wenn ich daran denke, daß Jeder die Pflicht hat, wenn auch mit einem geringen Maße von Kraft in den historischen Fluß der Menschheitsentwickelung einzutreten und nach Möglichkeit diejenigen Momente zu verstärken, von welchen er einen Beitrag zur fortschreitenden Entwickelung erwartet, so muß ich dieses Verschweigen für ein Verbrechen erklären. 35. S. III. 1852.

Mein Bestreben geht dahin, die Pädagogik von fremdem Einfluß zu befreien. 35. S. IV. 1852.

Den Werth individueller Religiosität beurtheile ich nach den Thaten, d. h. nach den Früchten. 35. S. V. 1852.

Ich will keines Menschen Meister sein, ich will nur anregen. Denn ich weiß, daß nur die eigenen Gedanken den Geist des Menschen beleben und befruchten. 35. S. VII. 1852.

Komme man uns mit der Lehre von der Unfähigkeit des Menschen zu allem Guten, oder mit der Lehre von dem be= schränkten Unterthanenverstande, oder mit der Theorie von der Nothwendigkeit der Bevorrechtung dieses oder jenes Standes und mit anderen Lehren der Ohnmacht und Abschwächung: wir werden auf unserem Posten zu finden sein! Und wenn Alle weichen sollten, wir weichen nicht! Dieser Grundsatz gehöre zu unserem Morgen= und zu unserem Abendsegen!

35. S. XVII. 1852.

Für mich hat in schwarzen Stunden, trüben Tagen und dunkeln Nächten immer eine große Beruhigung darin gelegen, wenn ich einen neuen Gedanken fand, wenn eine neue Wahrheit mich erquickte, selbst wenn sie bitter war, d. h. die Achtung vor dem Menschen schwächte. Mein Trost war dann die richtigere Erkenntniß.

35. S. XXII. 1852.

Es mag Einem als Lehrer und Erzieher schlecht ergehen und jämmerlich — wenn man nur sich selbst nicht verliert, nicht seinen Tröster in der Brust, nicht seinen Gott!

35. S. XXIII. 1852.

Durch Nachdenken und Erfahrung bin ich (es hat mir Mühe gekostet) dahin gebracht worden, zu meinen, daß wir weder auf eine vernünftig=religiöse, noch auf eine psychologisch=richtige. noch auf eine praktisch=durchbildende, noch auf eine national= charakteristische Erziehungsweise unserer Jugend zu rechnen haben, so lange die Bildung der Erzieher und Lehrer des Volks und seiner Jugend von der Einwirkung der kirchlich=confessionellen Geistlichen ausgeht. 36. 2. B. S. 90. 1852.

Ich hasse alle Ueberschwenglichkeiten und Uebertreibungen, jeden Prunk in Wort und Erscheinungen, jede Groß= und Wichtigthuerei, jede Art von Unwahrhaftigkeit, keine Art der= selben aber mehr, als Heuchelei, knechtischen Sinn und Ver= götterung eines Menschen, mangelhaft und sterblich wie wir Alle.

36. 2. B. S. 92. 1852.

Ich gehöre zu den Pädagogen, welche die Menschennatur belauschen, um ihren Gesetzen treu gehorsam zu dienen, gleich dem rationellen Arzte.

36. 2. B. S. 248. 1852.

Man hat meiner Art, zu schreiben, Mangel an Ordnung, Wiederholungen und dergleichen Fehler vorgeworfen. Ich muß sagen: nicht ohne Berechtigung. Ich kann das aber nicht ändern, und wenn ich es könnte, so will ich es nicht. Ich schreibe nicht für die Ewigkeit, sondern für die Zeit.

37. S. X. 1853.

Ich schwöre auf keines Menschen Worte, kenne keine Autorität; will daher auch für Keinen eine Autorität sein. Wenn mir Einer nachspricht, so habe ich bei ihm nicht erreicht, was ich erreichen wollte. Nachsprechen nämlich macht nicht selbstständig, sondern abhängig und erhält in der Abhängigkeit.

37. S. X. 1853.

Es gehört zur inneren Wahrhaftigkeit, daß man auch in einer Schrift nicht anders erscheinen will, als so, wie man ist.

37. S. XI. 1853.

Als Einer, der alle Ursache hatte, dem Minister Eichhorn lebenslang verpflichtet zu bleiben, sich beigehen ließ, ihn im constitutionellen Club im Anfange des Mai 1848 anzuklagen, trat ich sofort gegen ihn auf.

37. S. 7. 1853.

In elementarischer Beziehung bin ich mehr zu leisten nicht im Stande gewesen, als was ich in meiner astronomischen Geographie und populären Himmelskunde geleistet habe. Ich halte das Buch für eine praktische Didaktik. Aus ihm kann man faktisch erkennen, wie die moderne Schule unterrichtet.

37. S. 147. 1853.

Wer behaupten kann und mag, daß wir die Jugend ohne Religion oder wider die Religion, was doch wohl heißt, ohne Christenthum oder wider das Christenthum, erziehen wollten, dem müssen wir sagen, daß er uns nicht kenne, oder uns verleumde. 38. 1. B. S. 71. 1853.

Ich prüfe den Eindruck eines Buches und folglich das Buch selbst an der Natur, in der Luft, an der Luft. Ich setze es der Luft aus und beobachte, ob es die Prüfung an und in der Luft aushält. Wo nicht, so setze ich es selbst an die Luft, d. h. werfe es weg.
38. 1. B. S. 96. 1853.

Laß mich, ewige Vorsicht, es noch erleben, daß die Zahl der lauteren Wahrheitsfreunde sich mehrt! Denselben widme ich meine theuersten Empfindungen, am Ende meines Daseins meinen letzten Gruß. 39. S. XIV. 1854.

Wenn ich die, die meine Schüler gewesen, und die Leser meiner Schriften frage, ob ich jemals ihre Selbstständigkeit mißachtet, auf ihr Urtheil Zwang ausgeübt, mich nicht ihrer freien Aeußerungen gefreut, ihre Einwürfe und Zweifel nicht gern gehört, kurz, ihre freie, individuelle Entwickelung beeinträchtigt habe, so darf ich auf ein unisones Nein rechnen. Die Entwickelung der Selbstthätigkeit und Selbstbestimmung der Schüler und Leser schwebte mir bei allem Lehren und Thun vor; Nachbeter habe ich stets verachtet. »Selbst ist der Mann«, dieses wichtige Wort für Lehrer und Schriftsteller, bestimmte meine Richtung. Für irgend eine eine Autorität sein zu wollen, erschien mir stets als der Gipfel der Anmaßung. Als Lehrer betrachtete ich mich als Lernenden, wir suchten gemeinschaftlich die Wahrheit. So faßte auch Lessing den Begriff des Lernens. »In der Erkenntniß«, sagt Rückert, »ist Genuß das Suchen schon.« 39. S. XXIV. 1854.

Eins wünsche ich mir zum Lohne dieser und anderer Arbeiten — die Freude des Lehrers über das deutsche Erziehungswesen, noch mehr: die Freude an der deutschen Nation, das Hochgefühl, einer von der Natur so reich, so allseitig ausgestatteten Nation anzugehören.

39. S. XXIV. 1854.

Ich darf wohl das individuelle Geständniß ablegen, daß mich das Bewußtsein: Eigenthum und Diener des Seminars und seiner wichtigsten Zwecke zu sein, so lange ich Lehrer gewesen, nie verlassen, sondern stets beherrscht hat.

39. S. 149. 1854.

Ich liebe die Opposition. Ohne sie fehlt die Energie, die Entschiedenheit.

Neutral bleibt überall nur der Gleichgültige, der Schwache.

40. 1. B. S. 163 u. 164. 1854.

Ich schwärme für den Unterricht in der Natur, die gemeinsame Mutter aller Erdenkinder, die sie lebenslang nährt und erhält; und darum eben schätze ich die Kenntniß der Natur, namentlich ihres großen Ganges und ihrer Gesetzmäßigkeit wegen, auch für den Lehrer der Menschenkinder sehr hoch.

40. 1. B. S. 339. 1854.

Ich muß gestehen, daß mir ein Buch doppelt lieb wird, wenn ich nicht nur aus ihm Neues lerne, sondern auch den Verfasser, nicht blos als Schriftsteller, sondern als Menschen kennen und schätzen lerne. Das Wesen der Wahrheit wird dadurch nicht alterirt, aber das menschliche Interesse tritt hinzu.

40. 2. B. S. 232. 1854.

Um Kampf mit einem Einzelnen, um Recht zu behalten gegen ihn als Einzelperson, ist es mir durchaus nicht zu thun; ich streite um Principien. Tritt Einer für ein Princip auf, das ich für falsch erachte, so trete ich ihm gegenüber und bekämpfe ihn — um des Princips willen. An seiner Niederlage an sich liegt mir nicht das Geringste; ich strebe sie an, um das entgegengesetzte Princip auf die Beine zu bringen.

40. 2. B. S. 307. 1854.

Möge, wer will, meine polemischen Aufsätze gegen Zeit=
richtungen, die ich für verkehrt halte, gegen Personen, die ihnen
huldigen, zur »grobianischen Literatur« am Ausgange des
Mittelalters hinstellen; mir scheint es Bedürfniß, die Dinge und
Personen bei dem Namen zu nennen, die sie verdienen. Wer
Trumpf ausspielt, muß erwarten, daß er mitunter auch ab=
getrumpft wird.   40. 2. B. S. 307. 1854.

Man kann Vieles in der Welt gehen und laufen lassen,
was Einem nicht gerade gefällt und das man hindern würde,
wenn man sich um Alles bekümmern könnte und nicht Wichtigeres
oder Nothwendigeres zu thun hätte. Aber es giebt Dinge, die
man nicht gehen und laufen lassen kann.

Zu Alleroberst rechne ich dazu alle Erscheinungen, That=
sachen, Versuche und Gedanken, welche den Zweck haben oder
dazu geeignet sind, die freie Entwickelung und Bewegung, sei
es der Gesellschaft oder des einzelnen Menschen, und betreffe
es das Thun oder das Denken oder irgend welche menschliche
Funktion, zu hemmen. In ihnen liegt ein Attentat gegen die
Freiheit und Natur des Menschen. Sie darf der gewissenhafte
Mann nicht gehen lassen, gegen sie muß er sofort auftreten, in
voller Rüstung kampfbereit sich ihnen entgegenstemmen mit aller
seiner Kraft; gegen Jeden, der mit so funesten Tendenzen um=
geht, muß man sich schleunigst erheben und — wenn nichts
Anderes — das Schwert des Geistes über seinem Haupte
schwingen.

Dies ist mein Grundsatz, ich habe ihm nach Kräften nach=
gelebt.   40. 2. B. S. 308. 1854.

Ich liebe die Journale einer Farbe.
    40. 2. B. S. 312. 1854.

Ich gestehe, daß ich den Streit liebe, den Streit um An=
sichten. Es geht von ihm eine Stärkung aus, sogar eine leib=
liche Stärkung.

Ob ich den Streit mit Personen liebe, mögen die beurtheilen,
deren Umgang ich gepflogen.

Aber den Streit in Ansichten und Ueberzeugungen liebe ich,
liebe ich sehr.   40. 2. B. S. 313. 1854.

Vierzigjährige Erfahrung und eben so langes Nachdenken haben mich in der Ansicht bestärkt, daß die Schule besser berathen sein möchte, wenn sie von sachkundigen Schulmännern beaufsichtigt und geleitet werde.

40. 2. B. S. 322. 1854.

Ich schwärme für die Grundlegung der allgemeinen Menschenbildung und bin der Ansicht, daß das Besondere, das Separatistische und folglich auch das Specifisch-Confessionelle nicht in die gemeinsame Grundschule der Volksjugend gehört.

40. 2. B. S. 324. 1854.

Der Ruhm der Consequenz der Meinungen das ganze Leben hindurch ist ein sehr eitler; ich beneide Keinen darum, ich gönne ihn Jedem. 40. 2. B. S. 335. 1854.

Wenn ich rückblickend die glücklichsten Ereignisse meines Lehrerlebens überschaue und zähle, so sind deren sechs: die Bekanntschaften mit: de Laspée, Wilberg, Ehrlich, Wagner, Fröbel, Middendorff.

41. S. 33 2c. 1855.

Ich bete den Sinn und die Gesinnung des göttlichen Kinderfreundes an. 41. S. 55. 1855.

Ich pflege mich nicht gern auf Erfahrungen zu berufen, aber ich muß gestehen, daß ich die anmaßlichsten Menschen und die despotischsten Lehrer unter den Autoritätsmännern gefunden habe. Das Verbundensein dieser Eigenschaften in demselben Individuum ist in der That natürlich und darum leicht erklärbar. 41. S. 207. 1855.

Ich erkläre mich gegen den Orthodoxismus, die principielle Buchstabengläubigkeit, ich drücke meinen ganzen Haß gegen die Behandlung der Kinder, gegen die Mißhandlung der Kinder durch die Orthodoxen aus. Dieser Haß ist in der That gründlich; ich kann nicht anders. Indem ich dieses offen ausspreche, übe ich das Recht der freien Meinungsäußerung; ich glaube aber noch mehr zu thun, indem ich meine, damit eine Pflicht zu üben, die Pflicht, die ich für groß und heilig erachte, daß man, öffentlich redend über einen Gegenstand, seine ganze Meinung sage und Alles vermeide, was den Hörer oder Leser veranlassen kann, den Redner oder Sprecher nicht ganz zu verstehen, oder gar mißzuverstehen. Mancher redliche Mensch wünscht, daß man gar nichts von ihm wisse — gut; wenn man aber einmal etwas von ihm weiß, so wünscht er, daß man, wenigstens in Betreff des Gegenstandes, von dem man etwas weiß, Alles von ihm wisse. Aus dieser Gesinnung entspringt für ihn die oben genannte Pflicht.

Die modernen Lehrer, welche sich des Besitzes des Glaubens und der Vernunft zugleich rühmen, hasse ich nicht weniger, sondern noch mehr. Denn nach meiner Meinung geht von ihnen ein noch größeres Verderben der menschlichen Natur aus; sie verhunzen den Charakter.

Denn nichts ist in aller Erziehung verderblicher, als die Halbheit, das Schwanken hin und her, die Vermittelung des Unvermittelbaren und die dadurch mit Nothwendigkeit entstehende Sophistik, diese Pest des geistigen Lebens.

Entweder — oder; es giebt kein Drittes. Wer dieses erkennt, wird sich entschließen — zum alten, festen Glauben, oder zur Vernünftigkeit und Naturgemäßheit ganz und gar, in dem einen wie in dem andern Falle consequent. Nur so entsteht die Möglichkeit der Charakterbildung. Nach meiner Meinung verkennt der Orthodoxe die menschliche Natur, aber er giebt ihr ein Gepräge; der Vermittler dagegen ruinirt sie.

41. S. 227, 229 u. 230. 1855.

Die höchste Aufmerksamkeit habe ich in meiner populären Himmelskunde auf die Methode verwandt. Mehr als in diesem Buche habe ich in derselben nicht zu leisten vermocht. Wer meine Unterrichtsweise kennen lernen will, der findet sie am reinsten in diesem Buche. Es ist die nicht von einem System, sondern von einzelnen Thaten ausgehende analytisch-heuristische Methode, das Gegentheil der dogmatischen, der ich (wie dem Dogmatismus überhaupt) gram bin.

42. 2. B. S. 63. 1855.

Ich habe die Liebhaberei, daß ich, wenn ich ein Buch, z. B. ein astronomisches, lese oder studire, wissen möchte, was sein Verfasser, besonders wenn ich ihn schätze; außerdem noch denkt und für wahr hält. Bücher, die das leisten, sind meine Lieblingsbücher. Ich will nicht bloß die Sache, sondern auch den Autor, nach allen mir wichtigen Seiten kennen, wo möglich ihn auch als Menschen schätzen und lieben lernen; gerne über= lasse ich Andern ihre reine Objektivität.

42. 2. B. S. 67. 1855.

Geognosie und Geologie. Inhaltsschwere Wörter, diese wenigen; ich hoffe, daß kein Lehrer so ohne Weiteres über sie weg lieset. Besonders aber wünsche ich, daß Demjenigen, dem der Inhalt dieser zwei Wörter bis dahin böhmische Dörfer ge= wesen sind, das Herz klopfe.

Mir klopft es auch noch zuweilen darüber, aber nicht aus Angst, sondern aus Freude. Zugleich fühle ich ein Zucken in dem Arm, und wenn ich mich nicht in Acht nehme, so tönt mein Zimmer von bösen Worten wieder.

42. 2. Bd. S. 349. 1855.

Meine Vaterstadt liegt in geognostischer und geologischer Beziehung in einer der lehrreichsten und interessantesten Gegenden von Deutschland. Wir Knaben trieben uns auch in allen Jahreszeiten in derselben umher. Wir suchten nicht nur Vogel= nester, kletterten auf die höchsten Bäume, um zu sehen, wie die Falken und Adler nisten, sondern wir stiegen auch in die Gruben, und drangen in verlassene Stollen ein. Aber wenn es doch ein einziges Mal einem unserer Lehrer auch nur eingefallen wäre, uns auf die vor unseren Augen liegenden Merkwürdig= keiten aufmerksam zu machen! Nicht Einem. Wenn ich daran denke, so muß ich mich zusammennehmen, um nicht impertinent zu werden. Daß die Posaunen die Mauern Jericho's um= geblasen, erzählte man uns; aber wie die Steinmauern der Gegend aufgerichtet worden, davon redeten sie nicht. Bileam's Esel ließen sie sprechen; aber die Sprache der Natur lehrten sie nicht. Daß der Weltschöpfer einst in der Kühle des Abends eine Promenade gemacht, ließen sie uns anstaunen, wo möglich bewundern; aber mit uns einmal einen lehrreichen Spaziergang zu machen, fiel ihnen nicht ein. Es muß ihnen vergeben werden, denn sie wußten es nicht besser, obgleich diese Unwissenheit und Stumpfheit bis über die Blüthezeit der Pestalozzi'schen Schule hinaus dauerte; ein Lehrer, der heut zu Tage noch so handelt, verdient ganz einfach und sans phrase — die Knute.

42. 2. B. S. 349. 1855.

Ich will zwar die Wahrheit reden; aber nicht beleidigen.

43. S. 134. 1855.

Ich sage: Wer uns für Gegner des Christenthums erklärt, irrt, und um es gerade heraus zu sagen: ich halte mich in be= scheidenem Maße für einen Vertheidiger des wahren Christen= thums, der Religion des Geistes, der Humanität und der Menschenliebe, so gewiß Lessing ein solcher war.

44. S. 21. 1855.

Durch Herrn v. Beckedorff, dessen Verdienste um die preußische Schule ich stets freudig anerkannt habe, wurde dem Seminar in Mörs, dessen Lehrplan sich Herrn Stiehl's Wohl= gefallen erworben hat, 1823 oder 24 eine Disciplinverord= nung vorgeschrieben, die ich getreulich auszuführen begann. Aber die Sache ging nicht; die Strenge derselben engte die jungen Leute in einem solchen Grade ein, daß sie ihre freudige Thätigkeit einzubüßen in Gefahr geriethen. Das auf Miß= trauen basirte System paßte auch zu dem übrigen Wesen der Anstalt nicht; ich hob dasselbe daher, durch bittere Erfahrungen von seiner Verderblichkeit überzeugt, auf.

44. S. 62. 1855.

Ich danke meinem Schöpfer, daß meine Wirksamkeit in der Schule in eine bessere, freiere Zeit fiel, und daß ich auf die von Herrn v. Ladenberg an mich ergangene Aufforderung, eine Regierungsschulrath=Stelle zu übernehmen, nicht einging; ich ahnte, was kommen würde.

44. S. 66. 1855.

Unter allen sogenannten gläubigen, recht=, fest= und streng=
gläubigen Lehrern, die ich kennen gelernt habe, habe ich keinen
einzigen gefunden, der ein virtuoser, d. h. in vorzüglichem Grade
ein geistweckender Lehrer war, nicht einen.
Ich halte diese Erscheinung für natürlich, darum für wohl
begreiflich, ja für nothwendig.

44. S. 108. 1855.

Man ist der Welt sein Thun und Denken schuldig.

45. S. III. 1857.

Ich spreche meine Ueberzeugungen aus (die Maxime: mundum
sinere vadere sicut vadit ist nicht die meinige); ich spreche sie
kategorisch aus. Ich will damit weder sagen, daß sie die volle
Wahrheit enthalten, noch auch, daß ich selbst aufgehört habe,
sie zu prüfen und zu corrigiren. Aber ich gestehe, daß sie im
Wesentlichen um so fester geworden sind, je mehr sie angegriffen,
verworfen oder auch verspottet wurden; in Einzelnem haben sie
Veränderung erlitten oder Entwickelung erlebt.

45. S. V. 1857.

Was diejenigen Personen betrifft, welchen ich mit meinen
Meinungen entgegentrete, so mögen sie bedenken, daß man dem
Gegner durch das Entgegentreten eine Art von Achtung erweist,
und daß es besser ist, sich offen und entschieden gegen einander
zu erklären, wenn einmal die entgegengesetzten Ansichten und
Tendenzen vorhanden sind, als sich zu meiden und zu schweigen.
Der offene Gegner soll mir zu jeder Zeit willkommen sein.
Denn fas est, et ab hoste doceri. (Auch vom Feinde soll man
lernen.)

45. S. V. 1857.

Der Mensch steht bei mir höher im Preise als der Lehrer.
Wenn es mit jenem wenig oder nichts ist, so ist es auch mit
diesem, was die Hauptsache betrifft, wenig oder nichts. Daraus
folgt aber freilich nicht, daß es bei einem Lehrer genug sei,
ein braver Mann zu sein.

45. S. 8. 1857.

An unjerer (ſcholaſtiſchen) Oppoſition verenden die »Regu=
lative« nicht, ſondern an der realen Oppoſition des realen
Lebens. 45. S. 26. 1857.

Von Peſtalozzi laſſen wir nicht. Deß zum Zeugniß haben
wir den Stiftungen, die in ſeinem Geiſte wirken ſollen, ſeinen
Namen gegeben. 45. S. 28. 1857.

Ein tüchtiger, würdiger Streit ſtärkt! In der Regel em=
pfindet man dieſe Stärkung nicht während der Dauer deſſelben,
aber nachher. Geſtählt geht man aus dem Kampfe hervor,
ſelbſt dann, wenn man ſich in dieſem oder jenem Stücke für
beſiegt erklären muß; wenigſtens bei einem nicht unlauteren
Menſchen nachher. Das iſt der unausbleibliche Gewinn des
Kampfes um die Wahrheit — es iſt eine edle Sache.
Ich kann und will es nicht leugnen, ich liebe ihn aus=
nehmend, ich freue mich, wenn mich Einer angreift, ich fühle
die Schwere des Tages, wenn ich nicht wenigſtens Andere im
Kampfe ſehe. Durch Satz und Gegenſatz, Theſe und Antitheſe
wird die Sache klar. Es ſchadet auch gar nicht, wenn man
im Eifer des Gefechtes die Meinung auf die Spitze treibt.
Anderen Tages zieht man das Erforderliche ab.
45. S. 48 u. 49. 1857.

Ich habe in meinem Leben mancherlei Streit gehabt, aber
keinen, in dem es nicht um eine Sache galt.
Ich habe aber nicht jede Veranlaſſung zum Streit benutzt,
vielmehr bin ich ihm manchmal aus dem Wege gegangen.
45. S. 51. 1857.

Kampf um die Wahrheit iſt nach unſerer Ueberzeugung
überall gut; aber nicht gegen jede Anklage vertheidigt man ſich.
45. S. 59. 1857.

Ich befinde mich in der beneidenswerthen Lage, daß Andere
mir die Wahrheit ſagen, d. h. was ſie für Wahrheit halten —
mehr kann man nicht verlangen. Ich denke und hoffe, daß

es noch mehr Leute giebt, welchen dieses angenehm ist. Jeder begründete Widerspruch sei zum Voraus willkommen geheißen! nota bene **begründete**! was voraussetzt, daß die Gegner das Phantom der Untrüglichkeit, Unfehlbarkeit, Unantastbarkeit irgend eines Werkes, an dem Menschen mitgearbeitet haben, z. B. an einem in menschlicher Sprache vorhandenen Werke, fahren lassen und bekennen, daß sie, gleich uns, nichts weiter vortragen als Meinungen und Ueberzeugungen, die der Prüfung bedürftig sind, kurz, daß sie vom Chimborasso der Anmaßung, auf dem jenes Phantom gedeiht, herabsteigen zu den Hügeln, auf welchen menschliche Vorstellungen wachsen. »Vogelfrei« wollen wir einander die »Wahrheit« sagen.

45. S. 115. 1857.

Möge man meine Rede (gegen den Rückschritt, die Umkehr) grob (»sackgrob«) nennen, es ist mir gleich, wenn sie nur wahr ist. Höflich zu sein ist keine Pflicht. Höflichkeit ist keine gute Sitte Gegnern gegenüber, deren tolle und tollmachende Gedanken sammt Uebermuth sich nicht auf Wahrheit, sondern auf äußere Macht stützen und die dazu angethan sind, Schwachgläubige zu berücken. Grobe Klötze und grobe Keile gehören zusammen.

46. S. V. 1857.

Ich kämpfe um Sachen. Aber ich nenne auch die Personen, welche die Sachen vertreten. Ich kann Sachen und Personen nicht so von einander trennen, daß ich von jenen reden könnte, ohne an diese zu denken. Ich rede daher auch offen von diesen, indem mir vor der Wichtigkeit der Sache nicht ihre Person, aber die Wichtigkeit ihrer Persönlichkeit eben so sehr verschwindet, wie meine eigene. Ich gebe dieselbe preis, und ich verspreche, die Hülfe der hohen Obrigkeit selbst dann nicht in Anspruch zu nehmen, wenn man von mir aussagt, ich habe silberne Löffel gestohlen. Wenn sie mich in der That und in der Wahrheit widerlegen, so werde ich, da ich zwar für Vieles, aber nicht für die Wahrheit zu alt bin, es ihnen danken, selbst wenn ich darüber zu Grunde gehe. Ein Opfer seiner Leidenschaften zu werden, ist eine Schande; das Opfer, das man den Grund-sätzen bringt, ist jederzeit ehrenwerth. Mit ihnen verglichen, gilt mir keine Persönlichkeit.

46. S. VI. 1857.

Ich verschweige meine auf Erfahrung gegründete Ueber=
zeugung nicht:

> die (kirchlich=confessionellen) Religionslehrer beurtheilen die
> Kinder am einseitigsten und schiefsten;
> die Lehrer der Naturkunde (vorausgesetzt, daß sie nicht
> aus Büchern lernen, sondern wirkliche Beobachtungen
> und Forschungen machen) haben das richtigste Urtheil
> über sie. 46. S. XIII. 1857.

An Tagen der öffentlichen Prüfung der Seminarschule, die
wir wohl nicht zu scheuen Ursache hatten, tobte in meinem
Innern wegen der Bloßstellung und der Oeffentlichkeit nichts
Anderes als das Gefühl der Zerrissenheit — Aus diesen
Gründen hielt und halte ich mich für einen Jünger der deutschen
Pädagogik, für einen deutschen Lehrer, dessen Aufgabe es nicht
nur ist, seine Schüler gut zu beschulen, sondern auch gut zu
erziehen — nur nicht für eine Partei, eine Coterie, eine Clique,
eine Sekte. 46. S. 51. 1857.

Wir enthielten uns als Lehrer, zwar nicht in Betreff der
Erziehungsprinzipien, wohl aber in Sachen der Politik neutral.
46. S. 52. 1857.

Goethe wünschte einmal, Mittel zu finden, um die schlaf=
mützigen Deutschen so einige dreißig Jahre grundmäßig zu
ärgern, indem er hoffte, ihnen dadurch die Lamm= oder Schlaf=
natur auszutreiben. Wie oft habe ich ähnliche Gedanken haben
müssen! Und wie ist es mir bis heute unbegreiflich, daß es
Lehrer giebt, die nicht an jedem, nein, an keinem Tage des
Jahres begierig sind, einen anregenden Gedanken zu vernehmen!
47. 1. B. S. 72. 1857.

Ich gestehe (gegenüber dem Standpunkte abstrakter Verstandes=
ansicht), daß ich mir einen Grad von Gefühlsschwärmerei und
Aberglauben gefallen lasse, wenn der Inhaber mit Gemüth und
Seele dabei ist. Und gegen sogenannte Freigeisterei, Pantheis=
mus rc. polemisire ich nicht, wenn das Gemüth von religiösen
und sittlichen Gedanken erglüht.
47. 1. B. S. 196. 1857.

Hätte ich vor einem halben Jahrhundert gewußt, daß der
Lehrerstand zum Träger und Fortpflanzer der überlieferten, ein
für alle Mal, für alle ewigen Zeiten festgestellten, unveränder=
lichen »Wahrheit« gemacht werden sollte, wie hätte mir der
Gedanke kommen können, mich diesem Stande, der Bildung
dieses Standes, dieses durch diese Absicht und die ihr gemäßen
Vorschriften so tief gestellten, so tief herabgewürdigten Standes
zu widmen?

Mit Abscheu würde ich mich von einem Stande wegwenden,
der dieses Ziel für seine Aufgabe erklärte und dadurch un=
würdig würde, den Namen des Lehrer= und Erzieherstandes zu
tragen. Ich erachte das niedrigste Geschäft der Erde für eine
würdigere Beschäftigung, als an der Vernichtung des Geistes
und der Tödtung der Selbstständigkeit mitzuwirken.

48. S. VII. u. VIII. 1858.

Der tüchtige Mann giebt um der Wahrheit willen seine
Persönlichkeit preis. In dem richtigen Sinne des Wortes ist
jede literarische Fehde eine persönliche.

Wer meine Meinungen, Ansichten, Grundsätze und Be=
strebungen angreift, greift mich an. Meine Grundsätze sind
mein Ich. Wer sie vernichtet, vernichtet mein eigentliches Ich,
mein innerstes Selbst. Ohne meine Grundsätze und die aus
ihnen folgenden Bestrebungen bin ich nichts, ein Schatten, todte
Materie, ein Häuflein Asche. Mein Geld, meine Leidenschaften,
die Seifenblase des Bischen Ehre oder Ruhms sind nicht mein
Ich, sondern meine Gedanken. Ohne sie wäre ich kein Wesen
mit Denkkraft und Vernunft, kein Mensch. Drum betrachte
ich den Gegner meiner Grundsätze als den eigentlichen Gegner
dessen, was meine Persönlichkeit ausmacht. Ich schaue ihn
nicht mit Haß, nicht mit Verachtung an; ich achte ihn, wenn
ich wahrnehme, daß er seine innere Ueberzeugung vertheidigt;
ich dulde die Gegnerschaft nicht nur, sondern sie ist mir lieb,
denn sie regt mich an, ich erwarte von dem Gegner, daß es
auch ihm um die Wahrheit zu thun ist, daß er in diesem Stücke
denke, wie ich; ich fühle es als eine Ehre, wenn er so von
mir denkt, und ich beehre ihn mit derselben Meinung. Statt
also des gewöhnlichen Vorurtheils und der gemeinen Ansicht,
daß man den literarischen Gegner in dem schlechten Sinne des

Wortes »persöulich angreife«, ist dieses die richtige Ansicht: man tritt mit ihm in ein beiderseitig ehrenhaftes Verhältniß.

48. S. X. 1858.

Wer aus seinem Herzen herausschreibt, schildert sich in seinen Schriften selbst. Wer diese kennt, kennt ihn.

49. 2. B. S. 122. 1858.

In meine »Himmelskunde« kamen »subjektive« Wendungen. Ich gestehe, daß ich dergleichen in jedem Buche liebe. Mir ist es angenehm, den Verfasser eines Objekts auch von Seiten seiner subjektiven Natur kennen zu lernen. Ich weiß es, diese Lieb= haberei ist nur eine subjektive.

49. 2. B. S. 255. 1858.

Man hat mir Haß gegen die Kirche und deren Diener vorgeworfen; davon ist mir nichts bewußt. Aber zurückhalten kann ich das Bekenntniß nicht, daß die Theologen und noch mehr die theologisirenden Seminar= und Elementarlehrer, welche allem Unterrichte eine geistliche Farbe geben und überall die Vorsehung einmischen, die Schule verderben. Von natürlicher, besonnener Geistesentwickelung haben sie in der Regel keine Ahnung. Wer das nicht glaubt, der sage sich nur dreist, es gelte auch von ihm selbst.

50. S. X. 1859.

Ich protestire mit meinen Gesinnungsgenossen (da Anderes nicht in unserer Macht steht) im Namen der Pädagogik, der Kinder und der Religion gegen den materiellen wie gegen den formellen Dogmatismus in der Schule, und wir appelliren, wenn wir dessen Vernichtung nicht bewirken, zu unserer Recht= fertigung an das Urtheil der Nachwelt.

50. S. XI. 1859.

Ich werfe keinen Stein auf einen gedrückten Mann, ich fordere nicht von ihm, daß er zu seinem Schaden gegen den Stachel zu löcken versuchen solle, er schweige meinetwegen, aber er thue nichts wider seine Ueberzeugung; er warte günstigere Windrichtung ab, aber er schmeichle und heuchle nicht.

50. S. XIV. 1859.

Wenn man »des Teufels« beschuldigt wird, so zögert man
nicht, die Brille des Anklägers zu untersuchen, über sein Inneres
eine Wahrschau zu halten und den Befund in, deutschen
Worten auszusprechen.

50. S. XXVI. 1859.

. Jeden Angriff, besonders den ungerechten, muß man durch
den Sieg der Wahrheit in eine Niederlage des Angreifenden
umzuwandeln sich bemühen. »Lehrt dich (doch) der Feind, was
du sollst.« (Schiller.)

Wenn ich dabei Partei ergreife, d. h. für ein Princip in
die Schranken trete, so huldige ich damit dem Grundsatze, daß
es schimpflich sei, in einer Zeit, in welcher die Gegensätze »auf
einander platzen«, sich gleichgültig zu verhalten und »nicht mit-
zuspielen«.

50. S. 94. 1859.

Die Leser sollen mir nicht glauben, sondern sich selbst
überzeugen.

Ich mache auf Autorität keinen Anspruch, was mir lebenslang niemals eingefallen ist. Ich sage schlicht und recht meine
Meinung, was zu thun mir als Protestant und als Bürger
des preußischen Staates zusteht, indem ich es dem Leser überlasse, beizustimmen, oder anderer Ansicht zu sein.

50. S. 97 u. 108. 1859.

Ich kenne keine höhere Eigenschaft, als die Wahrhaftigkeit.

50. S. 107. 1859.

Was ich unter Religion verstehe:
1. Gefühl der Abhängigkeit von dem Schöpfer, von
   Gott. — Name ist Schall;
2. Gefühl der Einheit (Uebereinstimmung) mit dem
   Kosmos;
3. Gefühl der Dankbarkeit;
4. Gefühl und Bewußtsein der Einheit mit der Menschheit;
5. Bewährung dieser Gefühle und Gesinnungen durch
   werkthätiges Leben. Jene sind die inneren Triebkräfte,
   sind das Geheimniß des Herzens; mit diesem tritt der
   Mensch in die Welt auf. Er läßt die That sprechen;
   »die Perlen wirft er nicht vor die Säue«.

Der Inbegriff dieser Momente in einer Menschenseele heißt Religiosität oder Frömmigkeit. Es folgt, daß die (eben charakterisirte) Frömmigkeit die Sittlichkeit (die Ueberzeugungs= treue, die Tapferkeit u. s. w.) mit einschließt; wer fromm ist, ist auch sittlich (nach Nummer 4). Aber das Umgekehrte folgt nicht; wer sittlich ist, ist darum noch nicht fromm. Denn Nummer 1 und Nummer 4 haben nicht nothwendig Nummer 2 und Nummer 3 zur Folge. Die Sittlichkeit kann ohne Frömmig= keit bestehen, es ist unzählige Male der Fall gewesen; sie steht mit Religion in naher Verwandtschaft, ist aber nicht unbedingt von ihr abhängig. Eben so leicht sieht man ein, daß der fromme Mensch nicht wissend zu sein braucht, so wie der, welcher von Religion weiß, darum noch nicht religiös ist.

Wahre Religion ist Lebendigkeit des frommen Gemüths und Bestimmung des Willens durch religiöse Antriebe.

50. S. 151 u. 153. 1859.

Ich mache an die (objektive) Religion, die sich für die wahre ausgiebt und den Zweck des Menschenlebens und der Mensch= heit zu fördern behauptet, folgende Ansprüche:

1. sie darf dem Menschen keine Lehrsätze aufbringen wollen, welche der höchsten, von dem Schöpfer her= rührenden Begabung des Menschen, der Vernunft, widersprechen;
2. sie darf überhaupt dem Menschen Nichts aufzwingen wollen, darf ihn nicht zu religiösen Uebungen nöthigen, muß die Art symbolischer Aeußerung, seiner Religiosität, seiner Ueberzeugung überlassen;
3. muß in jeder Weise die freie Entwickelung des Menschen, das Streben nach freier, sittlicher Selbstbestimmung im Denken und Wollen, begünstigen;
4. darf daher, weil der einzelne Mensch sich mit der Menschheit fortentwickelt, kein für alle Zeiten fest= stehendes System aufstellen, sondern muß selbst die Keime der Entwickelungsfähigkeit in sich tragen.

Nach diesem Kanon gehört jede »Religion«, deren Inhalt der Vernunft widerspricht (credo quia absurdum est), welche die Selbstbestimmung des Menschen zu unterdrücken, ihn von Dogmen abhängig zu machen sucht und sich für vollendet, voll=

44

kommen und absolut erklärt, zu den von irrenden und miß=
verstehenden Menschen gemachten Erfindungen.

Die subjektive Religion oder die Religiosität, welche für
eine wahre gehalten werden soll, muß mit dem innersten
ganzen Wesen eines Menschen vollkommen harmoniren, d. h. sie
muß aus seiner Individualität hervorgehen. Sonst ist sie ein
angelerntes Wesen, ein caput mortuum. Wahre Religiosität
offenbart sich daher in unendlicher Mannigfaltigkeit. Wer sie
in Uniform zu erblicken verlangt, hat keine Ahnung von dem,
was in Wahrheit Religion ist.

Wer als Mann über religiöse, wie politische Angelegenheiten
kein selbstständiges Urtheil hat, ist in den wichtigsten Dingen
minorenn geblieben, ein Greis mit einem Kindeskopf.

50. S. 155. 1859.

Man hat gesagt, ich schmeichle den Lehrern und verderbe
sie dadurch. Ob dies die Lehrer selbst, überhaupt die Leser
meiner Schriften sagen, bezweifle ich sehr. Wahr ist nur, daß
ich table, wo ich Tadelnswerthes zu sehen meine, und Lobens=
werthes freudig anerkenne, und für Schule und Lehrer Forderungen
stelle, deren Erfüllung beide auf eine höhere Stufe emporheben
würden. 51. 1. B. S. 45. 1859.

Das Wort »frei« kommt, wie die Leser meiner Scripturen
wissen, oft in ihnen vor. Dieselben werden »frei« nicht mit
ungesetzlich verwechseln. Gerade das Gegentheil: der gesetzlich,
versteht sich: der nach vernünftigen Gesetzen sich selbst be=
stimmende ist der freie Mensch. Was ich von solcher Freiheit
halte, will ich hier in kurzen Sätzen sagen:

ohne Freiheit kein selbstständiges Denken und folglich
keine Sittlichkeit und keine Religion, sondern Ab=
hängigkeit, Sklaverei und Knechtschaft;
ohne Freiheit keine begründete Liebe zu Heimath und
Vaterland, kein Patriotismus;
ohne Freiheit keine befriedigende, der individuellen des
Menschen entsprechende Thätigkeit, folglich kein Wohlstand;
ohne Freiheit keine naturgemäße Entwickelung, folglich keine
Möglichkeit einer Erziehung, die diesen Namen verdient.

52. S. XVIII. 1860.

Wir sehen es voraus, daß Die, welche sich an Worte und
Begriffe halten und auf sie schwören, uns bei Betrachtung dessen,
was wir wollen: gesetzliche Ordnung, Union, Verständniß und
Einsicht, bewußtes Thun, Berücksichtigung der Individualität,
praktische Lebensbildung, freie Entwickelung, Selbstthätigkeit und
Anleitung zur Selbstbestimmung — des Deismus, Naturalis=
mus 2c., vielleicht der heimlich=bösen Absicht beschuldigen werden.
Aber dies kann uns nicht abhalten, unsere Ueberzeugungen zur
Prüfung öffentlich darzulegen, indem wir uns bewußt sind, das
Herkommen nicht aus Abneigung gegen die Religion zu be=
kämpfen, sondern »aus Religion«.

52. S. 89. 1860.

Das Mandat als Abgeordneter habe ich nicht gesucht, konnte
ich nicht suchen, schon deßwegen nicht, weil man in meinem
Alter keine Lust haben kann, auf ein ganz fremdes Gebiet als
Neuling überzutreten, wo man das, was man da zu thun hat,
erst lernen muß. Wie man aus sich selber und von Haus aus
Nichts kann, sondern Alles zu lernen hat, so auch das parla=
mentarische Wesen, das Schreiben wie das Reden. Eine Null
will man doch nicht sein; glücklicher Weise gehört auch keine
Hexerei dazu, keine solche zu bleiben. Auf hervorragende
Stellung verzichtet der gern, der seine Sach' im Innern sucht.
Aus Pflicht habe ich das ungerufen gekommene Mandat an=
genommen, aus Pflichtgefühl bin ich geblieben. Sehr schwere
Stunden, die drückendsten Gefühle sind über mich gekommen;
nicht ohne Kämpfe habe ich sie überwunden.

52. S. 191. 1860.

Ich muß über die Ansicht des Daseins einer Diesterweg'schen
»Schule« im gewöhnlichen Sinne des Wortes die Bemerkung
machen, daß eine solche Schule mit Jüngern und Adepten nicht
existirt. Von hundert Gründen, die ich dafür anführen könnte,
genüge der eine, daß dergleichen Tendenz, auch wenn ich dazu
befähigt gewesen, meinem Grundsatze: der erziehende Lehrer
muß auf die Beachtung der Menschennatur und ihrer Ent=
wickelungsgesetze hingewiesen werden, widerspricht. Demzufolge
bin ich bemüht gewesen, meine Schüler zu selbsteigenen Beob=
achtungen und Erfahrungen anzuleiten, und zu befähigen, die
genannten Gesetze zu erkennen und ihnen gemäß in selbstständiger

Eigenthümlichkeit zu verfahren, die Erfahrungen Anderer zu benutzen, keiner Autorität blindlings zu folgen, sogenannte positive Vorschriften, wie alles »Positive« an den bereits erkannten Naturgesetzen und feststehenden Wahrheiten zu prüfen, demnach in dem Streben nach tieferer Erkenntniß stets fortzuschreiten, keine Stufe der Entwickelung und Cultur für abgeschlossen zu erachten und ihre Aufgabe darin zu suchen, der Natur und der Menschheit zu dienen — lauter Momente, welche dem Gedanken, ein unabänderliches System aufzustellen und eine »Schule« zu bilden, direkt widersprechen.

52. S. 222. 1860.

Ich bin nicht gegen alles Auswendiglernen, desto mehr aber gegen jedes Uebermaß. Das Zuviel (geradezu verderblich wirkend) ist weit weniger, als das Zuwenig. Mit dem Geiste verhält es sich in dieser Hinsicht wie mit dem Magen.

52. S. 338. 1860.

Ich bin bekanntlich ein Gegner der Raumer = Stiehl'schen Regulative; aber ich würde ihnen Alles, was sie nach meiner Meinung verschuldet haben, verzeihen, wenn sie es darauf anlegten, die Bildung der Lehrer zu erhöhen. Sie thun das Gegentheil, d. h. sie vernichten die Bedingung, von deren Existenz die Erreichung des gerechtesten und edelsten aller Wünsche der Lehrer abhängt. Die Mitglieder eines Standes, dem die allgemeine Bildung abgeht, haben keine Ansprüche auf Rechte und Verhältnisse, zu welchen nur die Bildung berechtigt. Schmerzlicher Gedanken kann man sich dabei gar nicht erwehren.

53. S. XI. 1861.

Meine Ueberzeugung von dem Unwerth und der Verwerflichkeit der Regulative ist so stark, daß ich nicht nachlassen kann, diese Ueberzeugung immer von Neuem auszusprechen, bis ihre Zurücknahme endlich erfolgen wird.

53. S. 195. 1861.

Ich spreche an Orten, wohin es gehört, unverholen meine Ueberzeugung aus, unbekümmert darum, ob es Diesen oder

Jenen ärgert oder freut; aber das Agitiren (obendrein das ge=
heime Agitiren) halte ich für »unter meiner Würde«, und Zeit
und Ruhe sind mir dazu zu lieb.

53. S. 204. 1861.

Ja, ich bin ein »Subjectivist«, und zwar einer von den=
jenigen, die man, wie die Leser wissen, auch Protestanten
nennt, d. h. ich spreche nicht, was ich nicht denke; ich lehre
nicht, was ich nicht glaube; ich lasse mir auch nichts vorglauben,
und prüfe das, was Andere für wahr gehalten haben und für
wahr ausgeben, um mir das, was die Prüfung besteht, anzu=
eignen und zu verwenden, das Andere aber — Anderen zu
überlassen und, wenn sie mir dieses aufnöthigen wollen, mit
Goethe zu ihnen zu sprechen: »Bleibt mir damit vom Halse!«

53. S. 336. 1861.

Ich blieb hinter den Sieben = Meilen = Stiefeln = Fortschritten
des Herrn Eichhorn zurück, wurde daher zu einem «Vormaligen«,
a. D. Mein Name (A. D.) indicirte mir dieses schon in der
Wiege; wie hätte ich mich über den Eintritt dieses Prognostikons
wundern können. 53. S. 336. 1861.

Ich erachte jede Maßregel für schädlich, welche, statt die
Selbstständigkeit der Menschen zu erhöhen, sie zu beschränken
geeignet ist. Mein ganzes Streben ist darum wesentlich darauf
hingerichtet gewesen, die Selbstständigkeit der Lehrer in der Erkenntniß, wie in ihrer äußeren Stellung zu fördern.

54. 1. B. S. 137. 1861.

Diejenigen Bücher, Aufsätze, Artikel, Bemerkungen rc. sind
mir die liebsten, die das Hintereinanderfortlesen nicht gestatten,
sondern welche mich nöthigen, öfters inne zu halten, das Buch
wegzulegen, um über dessen Inhalt nachzudenken. Solche
Schriften sind nach meiner Erfahrung die fruchtbarsten.

54. 1. B. S. 223. 1861.

Das Buch von Dr. Wichard Lange: »Zehn Jahre aus meiner pädagogischen Praxis« enthält die Grundsätze, die ich für die richtigen erachte und denen ich in meinen theoretischen und praktischen Bestrebungen gefolgt bin. Ich finde darin Fleisch von meinem Fleisch und Bein von meinem Bein.

54. 2. B. S. 77. 1861.

Ich ringe gar nicht, um irgend eine ungewisse »Wahrheit« wahr zu machen, ich halte dieses Ringen für ein Produkt großer Verirrung, wenn man an der »Wahrheit« zweifelt, aber trotzdem wünscht, innerlich Bezweifeltes für wahr halten und dem Bekenntniß Anderer zustimmen zu können; ich erachte das als einen untrüglichen Beweis innerer Unlauterkeit. Ich gebe mir daher nicht die allergeringste Mühe, dieses oder jenes zu glauben, denke nicht daran, danach zu trachten, meine religiöse Ueberzeugung mit dem Bekenntniß einer Kirche in Ueberein= stimmung zu bringen; ich nehme an, was mir als wahr er= scheint, das Gegentheil nehme ich nicht an; ich glaube, was ich für wahr halte, und was ich nicht für wahr halte, glaube ich nicht. Was diesem Grundsatze nicht gemäß ist, halte ich für Verirrung, für falschen Standpunkt, Mißtrauen gegen die Wahr= heit und sich selbst, und — wie gesagt — für Unlauterkeit der Gesinnung. Die Wahrheit muß Einem so heilig sein und die reine Ueberzeugung von ihr eine so hohe Gewissenssache, daß von dem »Erarbeiten und Ringen, um seine religiöse Erkennt= niß mit dem Bekenntniß in Uebereinstimmung zu bringen«, gar nicht die Rede sein kann.

54. 2. B. S. 109. 1861.

Ich suche aus und mit meinem Glauben gar keine Pro= paganda zu machen. Ich bediene mich des Rechts, meine Meinung zu sagen, hüte mich aber wohl, Andere dafür ab= sichtlich zu gewinnen oder gar sie bereden und überreden zu wollen durch Agitation. Ich habe so viel Vertrauen zu der Wahrheit und zu der natürlichen Sympathie des Menschen zu der Wahrheit, daß ich der Meinung bin, sie ziehe von selbst in den ein, der sie zu fassen vermögend ist, ja ich verdamme und hasse jede Bemühung, die andere Mittel anwendet, als die Wahrheit, um Andere für sie zu erobern. Die Wahrheit be= mächtigt sich des Menschen, sie nimmt ihn ein, sie macht ihn zu ihrem Knecht, er **muß** — er wird und ist dadurch frei »Die Wahrheit wird Euch frei machen«, sagt ja, wie bekannt, der große Meister. 54. 2. B. S. 110. 1861.

Ich leugne es nicht nur nicht, sondern ich bekenne und betone es ausdrücklich, daß ich in einem Autor, namentlich in einem über Pädagogik, zuerst nach dem Menschen suche. Finde ich den nicht, — keinen offenen, untadelhaften, mannhaften Charakter — so ist mir, er mag sonst das Menschenmöglichste leisten, sein Wirken vergällt. 55. 1. B. S. 128. 1862.

Ich wiederhole meine Erfahrung: die jungen, in's Seminar eintretenden Leute, die am meisten auswendig wußten, waren die beschränktesten und blieben es. So stand es schon, ehe man von zornerregendem Auswendiglernen etwas wußte. 55. 1. B. S. 241. 1862.

Ein für alle Mal — ich denke: zum Ueberfluß — will ich, da mir von verschiedenen Seiten (Schweizerische Lehrerzeitung, 1862, Nr. 10 u. f. w.) »Freude am Streit« imputirt wird, erklären, daß dieses — wohlverstanden! — seine Richtigkeit hat. Freude am Streit an sich? Falsch. Wohl aber: »schmerzlicher Genuß«, »erquickender Verdruß«, »Freude« an der Bekämpfung irreführender, veralteter, reaktionärer Meinungen, auf religiösem wie auf pädagogischem Gebiete, besonders wenn man Hoffnung zum Siegen hat. (So heißt mein Geburtsort.) Der Kampf macht, wie Lessing sagt, »produktiv«. 55. 2. B. S. 3. 1862.

Wir werden mit Niemand habern, daß er »das Wort der Wahrheit« anders versteht, als wir. Entweder hat er uns schon überschritten — dann werden wir von ihm lernen wollen; oder seine Meinung ist von der unsrigen überholt — dann werden wir ihm gern die Zeit gönnen, uns nachzukommen. 56. S. 74. 1863.

Selbst in dem zweijährigen Curfus in Mörs gingen wir über die von der Regierung gesteckten Grenzen weit hinaus. Es fehlte in keinem Jahre an Zöglingen, die (um nur dies Eine zu bemerken), während wir in den Sprachstunden meinen »Praktischen Lehrgang für den Unterricht in der deutschen Sprache« durchmachten, für sich die trefflichen Werke von Herling und Becker studirten und dadurch in den Stand gesetzt wurden, die Lehrstunden anregender und vielseitiger belehrend zu machen, den Lehrer selbst wohl gar in Verlegenheit setzten. (So auch in anderen Fächern.) Und ob wir dabei die praktische Seite des Unterrichts vernachlässigten? Ob wir mit dem Buche in der Hand bocirten oder Hefte dictirten? Ich könnte mich auf das Zeugniß von Männern ungewöhnlicher Einsicht und Erfahrung berufen, wenn sie noch lebten — wegen Mörs auf Kortüm, Grashof und Lange, in Betreff Berlins gleichfalls auf den Letzteren, wie auf O. Schulz und Spillete.

56. S. 197. 1863.

In der Zeit (1854) habe ich oftmals zu den Wänden und zu den Freunden gesprochen, daß die Nachwelt es für un= begreiflich erklären werde, daß wir solche Zeit ausgehalten, unter der Herrschaft der Herren Manteuffel, Westphalen, Raumer.

56. S. 201. 1863.

Ich habe noch jedes Mal gefunden, daß ein verständiger Vater, wenn er es erlebt, daß sein siebenjähriges Kind nach jährigem Schulbesuch, oft in kürzerer Zeit, laut= und tonrichtig lesen gelernt hat, in freudiges, dankbares Erstaunen geräth. Die Eltern wissen es nicht, weil sie es nicht angeschaut haben, was und wie ein sinniger Lehrer wirkt. Ich gestehe es: für mich ist es, wenn ein Kind dieses Alters mit Verstand lesen und schreiben gelernt hat, wenn es Laut und Buchstaben genau unterscheidet, desgleichen Wort und Satz, wenn es die Schreib= buchstaben genau beschreiben kann, wenn es Zahlübungen mit Strichen zu veranschaulichen versteht, kurz, wenn es durch den Elementarunterricht so verständig und vernünftig geworden ist, daß es weiß und mündlich genau darstellen kann, was es thut — für mich, sage ich, ist dieses von jeher ein entzückendes Schauspiel gewesen. Ich kenne kein edleres Geschäft, weiß aber auch, daß bis jetzt keine Nation der Welt dieses thatsächlich anerkannt, daß noch keine Nation den unmeßbaren Werth guter Schulen gehörig gewürdigt hat. Die tiefe, unvertilgbare Wirkung der Einwirkungen und Eindrücke in der Jugendzeit (im Elternhause und in der Schule) kann man der allgemeinen Erfahrung entnehmen, daß, während dem hochbetagten Greise alle Erlebnisse seiner männlichen Jahre entschwinden, jene lebendig bleiben. Der Greis geht im Traume noch in die Schule. Die Schulzeit ist ein Lichtbild.

57. 1. B. S 37. 1863.

Unser Lehrerleben fiel in die Periode der Entwickelung der Unterrichtsmethoden, um sie reif zu machen zur Ausbildung des jugendlichen Geistes. Diese Aufgabe ist im Wesentlichen gelöst, dieses Erbtheil überlassen wir unseren Nachkommen. Mögen sie es benutzen und vermehren und dann — sich an anderen, zeitgemäßen Aufgaben versuchen. Wenn es nur vorwärts geht!

57. 1. B. S. 48. 1863.

Die Leser wissen, daß ich das Steckenpferd der Astronomie reite, folglich von Herzen gern. Das »Schulpferd-Regulativ« besteige ich nur, wenn ich muß. Ich sähe es gern in der Wüste verschwinden auf Nimmerwiedersehen. Aber die Betrachtung des Himmels lasse ich nicht, jede Nachricht von neuen Entdeckungen macht mir Freude.

57. 1. B. S. 312. 1863.

Im Jahre 1832 zog ich vom Rhein nach Berlin, als Direktor des daselbst errichteten Seminars für die städtischen Schulen. Unterwegs meditirte ich darüber, was ich bei der Einführung in mein Amt zu den versammelten Geistlichen zu sprechen hätte. Es war unnöthige Mühe, denn es ließ sich keiner blicken. Es sei! dachte ich, sie werden die in regelmäßiger Thätigkeit arbeitende Anstalt sehen wollen. Darauf muß ich erwidern: in den fünfzehn Jahren meiner Amtsführung hatte die Anstalt einmal die Ehre, den Distrikts-Superintendenten eine Stunde in ihren Mauern zu sehen, und ein Pfarrer ging, da er beabsichtigte, seinen Sohn in die Schule des Seminars zu schicken, einmal durch die Classen. So groß war das

4*

52

Interesse der Berliner Geistlichen, der Schulinspectoren der Stadt, für eine Anstalt, welche in das städtische Schulwesen tief einzugreifen bestimmt war. Nicht mir persönlich galt diese Abkehr; denn unter meinen drei Nachfolgern ist das Resultat dasselbe gewesen: Null. 58. S. 42. 1864.

Dem religiösen, besser: dem idealen Geiste schreibe ich die Macht wahrer (innerer) Bildung, welche eine Schule ausüben kann, zu, nicht dem Religionsunterrichte als solchem. Ich weiß, daß diese meine Meinung in dieser Beziehung von der herkömmlichen abweicht, welche den direkten und eigentlichen, positiven Religionsunterricht als regierenden und dirigirenden obersten Factor hinstellt; aber Erfahrung und Nachdenken berechtigen mich zu der Behauptung, daß diese Meinung falsch ist, da ich nach den genannten Quellen (verschiedener Schriftsteller 2c.) behaupten muß, daß dem Religionsunterrichte an und für sich — ohne jenen Geist — nur sehr geringe Wirkungen zuzuschreiben sind; daß dagegen eine Schule, in welcher dieser tief anregende und befruchtende Geist unsichtbar=sichtbar als Herrscher waltet, Wirkungen erzeugt, welche den Mangel direkten Religionsunterrichts, wenn er stattfinden sollte, kaum verspüren lassen. 58. S. 286. 1864.

Es kann mir nicht einfallen, der Regierung rathen zu wollen, den nicht=confessionellen Religionsunterricht mit Zwang und Gewalt ein= und durchzuführen. Dazu fehlt es unseren Bevölkerungen, Gemeinden und anerkannten Religionsgesellschaften noch an der dazu erforderlichen Aufklärung über das Wesen der Religion. 58. S. 288. 1864.

Ich kann es nicht vergessen, welch' widerwärtigen Eindruck es auf mich machte, als ich einst mehrere meiner ehemaligen Schüler im Jahre 1848 über die Straßen ziehen sah und das Gerassel mit ihren Säbeln auf dem Pflaster vernahm. 59. 1. B. S. 220. 1864.

Nach meiner Gewohnheit pflege ich ein Buch, das den literarischen Hunger zu stillen verspricht, erst durchzublättern, dann rasch ohne viel Reflektirens und Verweilens zu lesen, dann bei Einzelnem still zu stehen, das Buch wegzulegen und Stellen anzustreichen oder auch aufzuschreiben.   59. 1. B. S. 236. 1864.

⸱ Man kann nicht Alles auf einmal — faktische Zustände und herrschende Ansichten dürfen nicht unberücksichtigt gelassen werden von Dem, der praktisch wirken will. Abweichungen von der strengen Theorie lassen sich vertheidigen, nicht blos entschuldigen, sondern sogar rechtfertigen — im wirklichen Leben muß man sich oft zu Concessionen, Accomobationen ꝛc. ver= stehen, auf manche Sequenzen und Consequenzen verzichten, man darf auch den Nachkommen Manches überlassen — genug, wenn man einen wesentlichen Fortschritt eingeleitet oder be= fördert hat.   59. 1. B. S. 247. 1864.

Gegen Lehrer, welche in der Musik Virtuosen sind, bin ich etwas mißtrauisch.   60. S. 230. 1865.

Dem ächten Lehrer kommen die besten Gedanken vor und unter seinen Schülern. Es giebt welche, die in Gegenwart des Revisors besser lehren, als wenn sie allein sind, bei anderen verhält es sich umgekehrt. Ich gestehe, daß ich zu den letzteren gehört habe. In Gegenwart eines Fremden oder gar eines Revisors, kam mir nie ein Gedanke, mich genirte jeder Fremde. Es überkam mich das Gefühl, als wenn in meinem Innern eine Klappe geschlossen wäre. Im öffentlichen Examen vor dem Publikum habe ich mich nie einer gewissen Beklommenheit er= wehren können; ich mußte mich unbeobachtet wissen, wenn ich mich frei fühlen sollte. Darum war mir auch die erzwungene Anwesenheit von Candidaten der Theologie in dem Seminar sehr widerwärtig. Tausendmal habe ich mich versucht gefühlt, zu wünschen, daß bei uns die französische und englische Sitte herrschen möge, daß kein Fremder dem Schulunterricht beiwohnen dürfe, obgleich ich mir sagen mußte, daß mir selbst in den Schulen Anderer über Manches die Augen geöffnet worden find. Trotzdem habe ich durch den Besuch meines Unterrichts viel Pein ausgestanden. Unterrichten und Bilden gedeihen am Beßten in Stille und Verborgenheit.

61. 1. B. S. 48. 1865.

Wir leben bei allen Vorwürfen, Anschuldigungen und Verdächtigungen der festen, trostreichen und treibenden Ueberzeugung, daß wir es nicht blos im Allgemeinen mit unserm Volke wohl meinen, sondern daß die Annahme unserer Vorschläge Erziehung und Unterricht, Kopf- und Herzbildung, auch die religiöse Sittlichkeit und Tugend, Einsicht und Geschicklichkeit, kurz das Wohl der Menschen nach allen Seiten und Richtungen fördern werde, daß daher das Motiv unseres Handelns rein, das Ziel anerkennenswerth und unterstützungswürdig sei.

Von dieser Ueberzeugung wird uns Niemand abbringen; sie gründet tief in lebenslangem Nachdenken, in augenfälligster Erfahrung, in Hingebung an die Bedürfnisse der Nation.

Der soll noch gefunden werden, der uns nachweiset, daß wir unsern Vortheil dabei im Auge haben, daß unser bisheriges Streben uns Vortheile eingebracht hat. Der Egoismus wird also wohl die Quelle unserer Anstrengung nicht sein. Würden wir von dem getrieben, so müßten wir zu den größten Dummköpfen gehören, wenn wir bei unserem Streben beharren wollten. Vortheile stehen auf ganz anderem Wege in Aussicht.

61. 1. B. S. 138. 1865.

Ich verachte Menschen, die sich erdreisten, die innerste Ueberzeugung ihrer Nebenmenschen, die jedem reinen Menschen ein Heiligthum ist, ihren Glauben, anzutasten. Ich spreche mit Lessing: »Laß mich, gütiger Gott, nicht so rechtgläubig werden, damit ich nicht so vermessen werde.«

61. 1. B. S. 253. 1865.

Als ich nach »Nest Mörs« verpflanzt wurde, fühlte ich mich daselbst bald heimisch. Der Ort ist klein, die Verhältnisse sind einfach, die Bewohner freundliche Leute. Die Gegend bietet auch wenig Mannigfaltigkeit dar, kurz ich war bald in dem Orte heimisch. Aber daheim fühlte ich mich dort erst, als ich den Ort und die Umgebung erobert hatte. Mit Hülfe meiner Schüler wurde zuerst der Situationsplan der Stadt entworfen; dann die Umgebung mit einem Radius von einer Meile hinzugefügt u. s. w. Zuletzt ging es an die Geschichte der Stadt und der Grafschaft. Nun war der neue Wohnort mir zur zweiten Heimath geworden, und ich fühle das Nest Mörs noch jetzt so; ganz anders ist mir's in dem weitschichtigen Berlin. Ich fühlte zugleich das Bedürfniß einer genauern Kenntniß der Provinz, der preußischen Rheinprovinz. Fuß= wanderungen in den Ferien machten mich mit den abseits der Landstraßen liegenden Gegenden betraut, mit der Eifel, mit dem hohen Veen oder Venn, mit dem Hundsrück — und nun entwarf ich für mich und meine Schüler eine Wandkarte der preußischen Rheinprovinz und eine Beschreibung. Es sind keine Meisterwerke; aber diese Arbeiten trugen mir den Lohn ein, daß ich auch die weite Umgebung genau kennen lernte und die preußische Rheinprovinz und damit Preußen mein Heimathsland wurde. Das Fürstenthum Siegen ist 1815 von Preußen erworben worden; aber damit gehört man dem Lande noch nicht an; ohne Kenntniß von der neuen Heimath, ohne Be= schäftigung mit derselben und, wenn so zu sprechen erlaubt ist, ohne geistige Annexion geht das nicht. Preußen — mein Heimathsland, Deutschland — mein Vaterland.

61. 2. B. S. 101. 1865.

Mein Leben fiel in die Zeit, in der in pädagogischer Hin= sicht die Aufgabe zu lösen war, sämmtliche Lehrgegenstände in Bildungsmittel zu verwandeln, die Lehrer zu befähigen, durch Unterrichten zu bilden, durch all' ihr Thun erziehend zu wirken, die Lehrobjekte methodisch nach den Grundsätzen naturgemäßer Entwickelung zu bearbeiten, kurz: den anlernenden Schulmeister in einen verständigen Lehrer und Erzieher umzuwandeln.

Diese Aufgabe ist in wesentlichen Beziehungen gelöst. Die Periode, in der dieses geschah, wird in der Geschichte des deutschen Schulwesens den Namen der entwickelten Methodik und der Ausarbeitung des erziehenden Unterrichts an sich tragen.

Es wird damit nicht behauptet, daß darin nichts mehr zu thun übrig bleibt; noch weniger, daß sie allenthalben in lebendige Praxis übergegangen. Wo letzteres nicht geschehen,

da trägt die Arbeit der Pädagogen nicht die Schuld, sondern
äußere Hindernisse, unter welchen die Gesetze der Allmählichkeit
und der Trägheit hervorstechen. Gut Ding will Weile haben,
und ein ganzer Stand läßt sich nicht mit Handumwenden um=
bilden. 62. S. 198. 1866.

Fellenberg glaubte an eine politique providentielle und an
education providentielle — ich glaube an pédagogie prevoyante;
aber wo ist der Machthaber, der sie in Angriff zu nehmen
übernimmt? 62. S. 203. 1866.

Man hat mir nicht selten in der Bekämpfung der Gegner
Derb= und Schroffheit vorgeworfen. Es ist wahr, ich muß
meine Schuld bekennen, kann aber hinzufügen: ich habe sie mit
Absicht übernommen. Als ich zu schreiben anfing, erlagen die
meisten Lehrer der unterthänigsten, beschränktesten Gesinnung;
ein Superintendent, ein Regierungsrath, ein Probst war für
sie eine Art von Herrgott, eine untrügliche Person. Von
diesem Servilismus mußten sie befreit werden, ich hielt es
darum für klar erkannte Pflicht, ihnen mit meinem Beispiel
vorzugehen, und mußte es mir gefallen lassen, mit jenen Vor=
würfen belastet zu werden; glücklicherweise konnte ich sie tragen.
Aber aus diesem Beispiel erkennt der Lehrer, wie selten man
richtig beurtheilt wird. 62. S. 211. 1866.

Meine Niemand, daß ich ein Feind alles Auswendig=
lernens sei, ganz und gar nicht, ich freue mich ja selbst der
schönen Sprüche und der das Gemüthsleben anregenden Lieder,
die ich treu im Gedächtniß bewahre, dessen (untergeordnete)
Wichtigkeit und Bedeutung mir nicht entgeht; ich bekämpfe drei
Momente: die Unzeitigkeit des Auswendiglernens, die den
Kindern aufgezwungene Masse des Stoffes und (in religiösen
Dingen) die Form. 63. 1. B. S. 17. 1866.

Mein Nachdenken und meine Erfahrungen erklären den
Dogmatismus als System und als Methode für nachtheilig.
Die Geschichte der Pädagogik hat mich in dieser Auffassung
bestärkt. Ich glaube auch zu erkennen, daß der Geist unsers

Jahrhunderts der Verstärkung des Dogmatismus, welche eins ist mit der Verstärkung der Orthodoxie und in deren Folge mit Absonderung und Trennung, mit Anfeindung und Fana= tismus, mit Restauration und Reaktion, nicht günstig ist. ·
63. 2. B. S. 201. 1866.

In der Praxis des Lehrerberufes, wenn ich dieses sagen darf (es ist nicht meine Sache, Bescheidenheit zu erheucheln), habe ich mich um das Entgegengesetzte gar nicht bekümmert: ich habe den dogmatischen Supranaturalismus nicht bekämpft, ich habe gethan, als wenn er gar nicht da wäre, bin dafür auch von meinen Schülern nie mit Einwürfen molestirt worden. So erreicht man zugleich den Vortheil, mit den Collegen in Freundschaft zu leben und wirkt doch in seiner Weise.
63. 2. B. S. 202. 1866.

Quellen-Verzeichniss.

1. Rheinische Blätter. 1827.
2. Rheinische Blätter. 1828.
3. Rheinische Blätter. 1829.
   (Von 1827—1829 konnte die Seitenzahl nur nach Heften an-
   gegeben werden.)
4. Rheinische Blätter. 1830.
   (Von 1830 ab sind die jährlich erschienenen zwei Bände für
   die Seitenzahlen maßgebend.)
5. Raumlehre. 1828 resp. 1843.
6. Praktischer Lehrgang für den Unterricht in der deutschen Sprache.
   1. Theil. 1828 resp. 1852.
7. Rheinische Blätter. 1. und 2. Band. 1831.
8. Anleitung zum Gebrauch des Schullesebuches. 1831 resp. 1842.
9. Rheinische Blätter. 1. und 2. Band. 1832.
10. Schulreden und pädagogische Abhandlungen. 1832.
11. Rheinische Blätter. 1. und 2. Band. 1834.
12. Wegweiser zur Bildung deutscher Lehrer. 1. Band. 1835 resp.
    1850.
13. Das pädagogische Deutschland der Gegenwart. 1. und 2. Band.
    1835.
14. Wegweiser zur Bildung deutscher Lehrer. 2. Band. 1835—1851.
15. Rheinische Blätter. 1. und 2. Band. 1836.
16. Pädagogische Reise nach den dänischen Staaten. 1836.
17. Lebensfragen der Civilisation. Zweite fortgesetzte Auflage. 1836
    und 1837.
18. Streitfragen auf dem Gebiete der Pädagogik. 1. und 2. Theil.
    1837—1838.

19. Rheinische Blätter. 1. und 2. Band. 1838.
20. Rheinische Blätter. 1. und 2. Band. 1839.
21. Rheinische Blätter. 1. und 2. Band. 1840.
22. Rheinische Blätter. 1. und 2. Band. 1844.
23. Rheinische Blätter. 1. und 2. Band. 1845.
24. Rheinische Blätter. 1. und 2. Band. 1846.
25. Heinrich Pestalozzi. Rede bei der Männerfeier. 1846.
26. Joh. Friedrich Wilberg. 1847.
27. Rheinische Blätter. 1. und 2. Band. 1847.
28. Rheinische Blätter. 1. und 2. Band. 1848.
29. Konfessioneller Religionsunterricht in den Schulen oder nicht? 1848.
30. Rheinische Blätter. 1. und 2. Band. 1849.
31. Zur Lehrerbildung. 1849.
32. Rheinische Blätter. 1. und 2. Band. 1850.
33. Pädagogisches Jahrbuch. 1851.
34. Rheinische Blätter. 1. und 2. Band. 1851.
35. Pädagogisches Jahrbuch. 1852.
36. Rheinische Blätter. 1. und 2. Band. 1852.
37. Pädagogisches Jahrbuch. 1853.
38. Rheinische Blätter. 1. und 2. Band. 1853.
39. Pädagogisches Jahrbuch. 1854.
40. Rheinische Blätter. 1. und 2. Band. 1854.
41. Pädagogisches Jahrbuch. 1855.
42. Rheinische Blätter. 1. und 2. Band. 1855.
43. Würdigung der Vertheidiger der Regulative. 1855.
44. Herr Stiehl und die drei preußischen Regulative. 1855.
45. Pädagogisches Wollen und Sollen. 1857.
46. Pädagogisches Jahrbuch. 1857.
47. Rheinische Blätter. 1. und 2. Band. 1857.
48. Pädagogisches Jahrbuch. 1858.
49. Rheinische Blätter. 1. und 2. Band. 1858.
50. Pädagogisches Jahrbuch. 1859.
51. Rheinische Blätter. 1. und 2. Band. 1859.
52. Pädagogisches Jahrbuch. 1860.
53. Pädagogisches Jahrbuch. 1861.
54. Rheinische Blätter. 1. und 2. Band. 1861.
55. Rheinische Blätter. 1. und 2. Band. 1862.
56. Pädagogisches Jahrbuch. 1863.

57. Rheinische Blätter. 1. und 2. Band. 1863.
58. Pädagogisches Jahrbuch. 1864.
59. Rheinische Blätter. 1. und 2. Band. 1864.
60. Pädagogisches Jahrbuch. 1865.
61. Rheinische Blätter. 1. und 2. Band. 1865.
62. Pädagogisches Jahrbuch. 1866.
63. Rheinische Blätter. 1. und 2. Band. 1866.

* 9 7 8 3 7 4 3 6 3 0 4 0 6 *